Betram Adolf

Theater-Wespen

Enthüllungen, Skizzen, Bilder und Chargen aus dem Theaterleben

Betram Adolf

Theater-Wespen

Enthüllungen, Skizzen, Bilder und Chargen aus dem Theaterleben

ISBN/EAN: 9783743615878

Hergestellt in Europa, USA, Kanada, Australien, Japan

Cover: Foto ©Thomas Meinert / pixelio.de

Manufactured and distributed by brebook publishing software (www.brebook.com)

Betram Adolf

Theater-Wespen

Theater-Wespen.

Enthüllungen, Skizzen, Bilder und Chargen

aus dem

Theaterleben.

Als

Beitrag zur Erledigung der Reorganisirungsfrage

des

Theaterwesens.

Von

Dr. Adolf Bertram.

Berlin, 1883.

Verlag von Reinhold Schlingmann.

Vorwort.

Seit Jahresfrist bringen in- und ausländische Journale in mäßigen Zwischenräumen die Notiz:

„Wie man vernimmt, liegt es in der Absicht des Staats-
„ministeriums, das Bühnenwesen einer durchgreifenden Reform
„zu unterziehen, die namentlich eine würdigere sociale Stellung
„der Provinztheater zum Ziele hat. Dies soll hauptsächlich
„durch die Commassirung der kleinen Theater bezweckt werden,
„welche nur einen Theil des Jahres hindurch spielen und als die
„Quelle des Schauspieler-Proletariats betrachtet werden müssen, da
„sie den Mitgliedern keine gesicherte Existenz bieten. Durch die
„Vereinigung mehrerer Theater unter einer Direction, durch Auf-
„hebung der Theaterpachte, durch Verpflichtung der Stadtcommunen
„zur angemessenen Subventionirung ihrer Theater und Einführung
„administrativer Controllen würde den prekären Verhältnissen der
„kleinen Provinzbühnen und ihrer Angehörigen entgegengewirkt. Es
„heißt, daß nächstens schon eine Commission berufen werden wird,
„welche sich mit diesem Gegenstand eingehend zu befassen und ent-
„sprechende Vorschläge zu machen hätte, welche seiner Zeit vor die
„Landesvertretungen gebracht werden sollen."

Ob diese Notiz einen thatsächlichen Hintergrund habe oder lediglich der Ausdruck langgehegter „frommer Wünsche" sei —

weiß ich nicht. Für alle Fälle jedoch, hielt ich es für nicht unangemessen, das, was ich durch dreißig Jahre, die ich in ganz nahen Beziehungen zum Theater verlebte, gesehen und erfahren, zu Papier zu bringen, um vielleicht Denjenigen, welche die Reorganisirung des Bühnenwesens in Angriff nehmen werden, durch rückhaltslose Bloslegung gutverhüllter Uebelstände einen Dienst zu erweisen.

Mag man auch Manches derb und al Fresco aufgetragen bezeichnen, so basirt sich doch Alles auf Wahrheit, auf Thatsachen, die kein Theaterkundiger abstreiten wird. Soll die projectirte Reorganisirung heilbringend werden, so muß man die heimlichen und öffentlichen Krebsschäden kennen, um auf deren Ecrasirung den nöthigen Einfluß zu üben!

Wien, im October 1862.

Der Verfasser.

I.
Schlechte Directoren.

Nicht gar zu ferne liegt die Zeit, in welcher die Jünger Thaliens — dazumal „Hanswurste" genannt und ihre Directoren als „Bandenführer" bezeichnet, zu den Parias der menschlichen Gesellschaft gehörten und mit den Selbstmördern und Henkersknechten in eine Kategorie, d. h. an die Kirchhofmauer rangirt wurden. Anlaß zu dieser, mit dem Geiste der jetzigen Zeit freilich nicht mehr vereinbaren Maßregel gab, wie wir aus authentischen Quellen wissen, der lumpige, liederliche Lebenswandel, die Sittenlosigkeit dieses vagabundirenden Völkleins, das bandenweise eine Art moralischer Viehseuche in abgelegene Gegenden schleppte, und deren Führer, jetzt „Directoren" genannt — der Ausbund moralischer Verworfenheit waren, und schon damals, wie bisweilen jetzt noch, die nächste und mächtigste Ursache der Depravation und Corruption des gesammten Schauspielerstandes waren.

„Wie der Hauptmann — so die Bande" — sagt ein altes Sprüchwort, und die Grundhaltigkeit desselben hat sich bis in die neueste Zeit bewährt. So mancher unserer hochtrabenden Theater-Prinzipale, so mancher gefeierte Mime, dürfte sich nicht angeregt fühlen, in den Archiven unserer Landesgerichte und Polizeiämter u. s. w. nach Stammbaum und Ahnenzahl zu forschen. Die genealogischen Daten verschwimmen zumeist in den Sümpfen der Illegitimität, und die sonstigen Thaten, die das Leben und Wirken dieser Kunstgenossen kennzeichneten, dürften nur selten für monumentwürdig erkannt werden.

Schlechte, lumpige Directoren und gleichqualificirte Comödianten gehören nicht zu den neuen Erscheinungen, sondern sind mit den Thespisspielen von gleichem Alter.

Man ist im Laufe der letzten hundert Jahre in vielen Stücken toleranter geworden. Die Anschauungen haben sich sehr modificirt, und vielen Unlöblichkeiten ein beschönigendes Mäntelchen umgehängt. Vieles, was z. B. vor hundert Jahren noch zuchthausreif machte, oder doch wenigstens hinreichte, die Achtung aller Gesitteten für immer zu verwirken: passirt jetzt, in der Zeit des rapiden Fortschrittes, der immensen Aufblähung und des Industrie-Götzendienstes — für „Geschäfts-Nuancen" — „Klugheits-Maximen" — „Weltton" u. s. w.

Vor hundert Jahren war der „lumpige Director" nur der Führer einer moralisch-vogelfreien „Hanswurstenbande" — die, wie der Classiker sagt: „peruncti fecibus ora" sich in Dörfern und Städtchen zur Marktzeit herumtrieb, und woraus nach und nach die ambulanten Theatergesellschaften letzten Ranges — in Norddeutschland „Meerschweinchen" — in Süddeutschland, namentlich in Oesterreich — „Schmieren" genannt, entstanden. Die Lumpigkeit dieser Bandenführer und nachherigen Directoren bestand darin, daß sie meistens auf Theilung spielend, ihre Mitglieder um einige Groschen betrogen, Miethe und Kost nicht bezahlten, ausgeliehene Effecten nicht zurückgaben und bei Nacht und Nebel durchbrannten. Zigeuner und wandernde Comödianten wurden von der öffentlichen Meinung verdientermaßen in einem Siebe gerüttelt und man verdoppelte die Aufsicht, wenn sie sich irgendwo blicken ließen.

Wie ganz anders ist es im 19. Jahrhunderte geworden! Lumpige Directoren stehen jetzt nicht blos mehr an der Spitze wandernder Banden; nein, sie stehen zuweilen an der Spitze städtischer, ständischer, gut dotirter oder reichlich subventionirter Theater!

Bei solchen Theatern wird nicht mehr auf „Theilung" gespielt, sondern die Mitglieder werden durch raffinirte Gaunerstreiche — jetzt „Geschäfts-Nuancen" genannt — und durch die schuftigsten Kunstgriffe in den Engagements-Contracten um die Gage betrogen. Der lumpige Director des 19. Jahrhunderts bleibt nicht mehr Kost und Miethe schuldig, denn er hat bei den meisten städtischen und ständischen Theatern freie Wohnung und führt auf Kosten des Publikums und seiner Mitglieder eine eigene schwelgerische Haushaltung. Dafür aber treibt er ganz ungenirt die empörendste „Wechselreiterei," die jeden Andern an die Pforten des Zuchthauses brächte. — Der lumpige Director der neueren Zeit brennt nicht durch, — er macht mit aller Bequemlichkeit den schmähligsten Bankrott; — er nimmt keine ausgeborgten Effecten mit, aber meistens bedeutende Summen, die er mit Hilfe irgend eines in seinem Solde stehenden Kupplers, Mäklers, Sekretärs, Souffleurs und Factotums ehrenhaften, sparsamen Leuten abzuschwindeln wußte. Die Zigeunerbande wird über die Gebietsgränzen gewiesen und darf sich nicht mehr blicken lassen; der lumpige Director hingegen, der in H. bankbrüchig wurde, fängt in Th. oder Z. wieder von vorne an. Magistrate, ständische Corporationen, Stiftungs=Administrationen, die jeden anderen verunglückten Geschäfts= mann mit Verachtung abweisen, wenn er ihrer Hilfe bedarf — kommen nicht selten einem Director — wenn er auch ein notorischer Lump ist, mit offenen Armen entgegen.

Nestroy sagt irgendwo: „Da find' ich kein' Fortschritt d'rin in der Cultur!" — so möchten auch wir sagen, so oft wir zu unserem großen Leidwesen bemerken, mit welcher unverzeihlichen Schonung gegen lumpige Directoren verfahren wird.

Wenn auch Vater Göthe behauptet, daß sich selbst mit der Hölle Pacte abschließen lassen, bei denen der Contrahent nicht übervortheilt wird: so lassen sich doch mit einem lumpigen Director nie verläß= liche Verträge schließen. Dies gilt vorzüglich von den „Engage= ments=Verträgen" die an Doppelsinn den Aussprüchen des delphischen Orakels nicht nachstehen. Um der maßlosen Schurkerei einen Anstrich von Rechtlichkeit zu geben, wird sich in diesen Verträgen auf die vom Director fabricirten Disziplinar=Satzungen, vulgo „Theater= gesetze" berufen, und deren wortgetreue Befolgung als unerläßliche Bedingung festgesetzt. Kein Schauspieler bekömmt dieselben je vor Unterzeichnung des Vertrages zu sehen. Wie staunt er aber, wenn er dieselben während seines Engagements zu Gesichte bekömmt und Para= graphe darin findet, welche die vollständige Annullirung des Contractes von der Willkür des Directors abhängig machen! — Diese Fälle kommen massenhaft vor, und keiner Behörde fiel es je ein, diese „Theatergesetze" zu prüfen.

Wie es um die Moralität des lumpigen Directors steht, davon erlebt man täglich die schauderhaftesten Beispiele. Maitressen-Wirthschaft, Polygamie, cynische Paschagelüste und haarsträubende Sittenlosigkeit floriren bei ihm oft bis in die spätesten Tage; er macht aus seiner cynischen Nichtswürdigkeit gar kein Geheimniß. Er erwählt bald eine Tänzerin, bald eine Choristin, bald eine Schauspielerin, bald eine Sängerin zu seiner Favorite, die dann eine Zeit lang das ganze Personal tyrannisirt und die gebietende Frau spielt. Ist er ihrer überdrüssig geworden, so bricht er auf Grundlage seiner „Theatergesetze" den Vertrag, schickt sie fort und streut am Ende noch verleumberische Gerüchte über sie aus, daß wohlgeordnete Behörden ihr den Aufenthalt in der Stadt gar nicht bewilligen können. Wie hoch stände aber in solchen Fällen das Verdienst dieser Behörden, wenn sie den Verleumdungen auf den Grund schauten und dafür besorgt wären, daß der lumpige, sittenlose Director das consilium abeundi bekäme! —

Mit der Journalistik, namentlich mit der ehrenhaften, die weder nach rechts, noch nach links, weder nach oben, noch nach unten salutirt, adulirt und complimentirt, sondern die Lumperei im Leben und bei der Kunst schonungslos verdammt, gegen Favoriten-Wirthschaft, Sippschaften und Verwandschafts-Einflüsse ungescheut zu Felde zieht — lebt der lumpige Director fortwährend in offener Fehde. Der gesinnungstüchtige, kunstbegeisterte und sittliche Journalist — wird ihm stets ein Dorn im Auge sein; Er wird stets über denselben lästern und klagen. Da aber selbst der lumpigste Director am Ende einsieht, daß die Journalistik immer eine Macht bleibt, welche die öffentliche Meinung lenkt und regulirt: so wird er, trifft er mit Journalisten unter vier Augen zusammen, wie ein Hund wedeln und kriechen. Rüde Maulreißerei und Poltronerie gegen die Journalistik wird nur in der Theaterkanzlei, auf Proben und vor den Mitgliedern exercirt.

Würden unsere „Theater-Agenten" die mit Directoren aller Caliber, also auch mit der weitverzweigten Gattung der „lumpigen" in Berührung kommen müssen, sich einmal die Mühe nehmen, alle Schwindeleien und Schurkenstreiche, die von lumpigen Directoren verübt werden, aufzuzeichnen: so würden „die dunklen Thaten der civilisirten Menschheit" bald eine Bibliothek füllen.

Wodurch aber werden denn derlei lumpige Directoren heut' zu Tage noch gezügelt und erhalten? So mag mancher unbefangene und harmlose Theaterfreund ganz naiv fragen.

Die Antwort liegt auf der Hand. Jene, die Theater zu verleihen haben, besehen sich den Mann nicht sehr genau, den sie mit der unmittelbaren Leitung eines so wichtigen Kunst=Institutes betrauen. Kniffe, Kunstgriffe, Protectionen und Patronanzen geben bei derlei Verleihungen meistens den Ausschlag; — der Schwindler, Maulreißer und Intriguant verdrängt zehn honnette Bewerber. Niemand frägt darnach, ob der Directions=Candidat Etwas gelernt hat, und wie es um seinen sittlichen Ruf steht. Ist das Theater einmal verliehen, so kümmert man sich nicht weiter um das Privatleben des Herrn Directors — man läßt ihn vollkommen gewähren. Je lumpiger solch ein Director ist, desto größeres Ansehen genießt er zumeist in kleineren Städten, wenn er nur einerseits devot zu kriechen und irgend einem alten Cyniker gefällig zu sein versteht, andererseits aber durch Keckheit imponirt.

Sollen wir etwa noch von der socialen und literarischen Bildung der gewöhnlichen lumpigen Comödianten=Prinzipale sprechen? Dieses Capitel dürfte mit wenigen Worten erledigt sein.

Im Leben ist er, wie wir früher gezeigt, ein characterloser, unehrenhafter, wüster und unverschämter Mensch und sein Wissen reducirt sich auf die rundeste aller Summen, auf Null. Er kann mit Mühe seinen Namen schreiben, und überläßt als eine Art souveräner Herr die Correspondenzenführung, so wie überhaupt die Erledigung aller Schreibgeschäfte dem „Sekretär", welchem zuweilen auch, wenn kein Ausweg mehr vorhanden ist, alle Schurkenstreiche und Uebervortheilungen des Personals in die Schuhe geschoben werden. Dagegen verschmäht es der lumpige Director nicht, das Briefgeheimniß so oft zu verletzen, als es ihm gefällt, die Privat=Correspondenz seiner Mitglieder zu intercipiren, und wenn sich etwa Agentenbriefe darunter befinden, dieselben zu unterschlagen.

Kämen solche Streiche vor den Strafbehörden je zur Sprache:

so müßten wohl empfindliche Strafen dictirt werden. Aber der arme Comödiant, der meistens in Schulden steckt und um seine Existenz besorgt ist, wagt es nicht, gegen seinen Brodherrn klagbar aufzutreten.

So wirthschaftet der lumpige Director oft jahrelang unangefochten fort, und wenn nicht zuweilen ein dem Theater ganz fernstehender Privater als Nemesis auftritt, so entgeht der lumpige Director regelmäßig dem verdienten Lohne.

Moral: Caveant Consules! Lasset, Communal-Vorstände, Stiftungs-Administratoren, Landstände u. s. w. in höheren Sphären-Behörden und Polizeiämtern, es an einer sorgsamen Ueberwachung des Privatlebens eines Directors nicht fehlen! Item, die in anderen Stücken in zeit- und standesgemäßer Sparsamkeit sich überbietenden Vorstände, Oberdirectoren, Curatoren u. s. w. mögen bei der Abstimmung über Subventions-Ertheilungen reiflich erwägen, ob diese Subventionen mit Rücksicht auf die moralische Qualification eines Directors nicht etwa gerade auf das Gegentheil einer „Volksbildungs-Anstalt" — nämlich auf ein „Demoralisirungs-Institut" verschwendet werden! Möchten doch unsere Land- und Reichstage und ihre Politiker nicht blos politischen, sondern auch ethischen und ästhetischen Gegenständen zugänglich sein, und auf die aus der schlechten Leitung des Theaterwesens entspringende sittliche Corruption ein aufmerksames Auge haben! Hoffen wir auch das noch, da wir ohnehin stark im Hoffen sind! Zu guter Letzt' — last non least — die kritischen Phylaxe unserer Schauspielhäuser dürften ein Bischen weniger vor den Löwen des Tages wedeln und dagegen etwas wachsamer die Herren Directoren anbellen; denn diese Herren Directoren sind es, die den Kunsttempel verunreinigen — wie man im alten Kanzleistyl der Theaterkritik zu sagen pflegt. Wollen diese jungen Lessinge sich auch als Herkulesse der theatralischen Augiasarbeit mit redlichem Eifer unterziehen, so mögen sie nicht nur die Ausrottung des kleinen gemeinschädlichen Ungeziefers in Angriff nehmen, sondern schonungslos und ungesäumt summa papaverum capita abschlagen. Endlich wird diese vielköpfige Hyder auch bezwungen werden und der Uebel hervorragendstes wird verschwinden.

Sollen wir zum Schlusse etwa noch ein Wort an euch richten,

ihr Herren, die ihr Theaterdirectionen verleiht? — Wozu auch! Goutirt ihr einen lumpigen Director, lasset ihr ihn schalten und walten, wie er mag, und sorget ihr im Interesse eures eigenen Rufes nicht dafür, daß das mauvais sujet, welches euer gutdotirtes Kunstinstitut zur Schandbude herabzerrt, so schleunig als möglich entfernt werde: so habt ihr das Verdammungsurtheil der öffentlichen Meinung selbst auf eure Häupter geleitet. Man wird euch dieses sonderbare Privatvergnügen, als Sittlichkeitsverderber und Gelegenheitsmacher vor aller Welt zu gelten, gern gönnen; unterfanget euch aber nicht, als Schützer und Förderer der Kunst prunken zu wollen! Bei aller Schonung, die man eurem Stande, eurer socialen Stellung angedeihen läßt, müßte man euch doch am Ende ein Sündenregister vorhalten und der unbefangenen Welt erzählen, was durch die von euch bewilligten Subventionen beim Theater eigentlich bezweckt wird! —

II.

Lumpige Comödianten und Comödiantinnen.

Als Vater Göthe den Ausspruch machte: „Nur Lumpe sind bescheiden" mag er an alle möglichen nur nicht an die „theatralischen" Lumpe gedacht haben.

Der theatralische Lump kann jede beliebige gute Eigenschaft affectiren und die Welt eine Weile täuschen; Bescheidenheit versteht er aber nicht einmal zu affectiren, Bescheidenheit ist in seinem Lexicon nicht zu finden. Hingegen sind Unbescheidenheit, Arroganz, Dünkel und Nichtswürdigkeit die Elemente, aus welchen der Charakter eines jeden echten Comödianten, ganz besonders aber des „lumpigen" zusammengesetzt ist.

Man verstehe uns wohl: Wir reden hier nicht von achtenswerthen „Schauspielern" oder „Künstlern", die von der Heiligkeit der

Kunst begeistert und durch dieselbe veredelt sind, sondern von jenem, sich leider wie der Sand am Meere anhäufenden Troß erbärmlicher Gaukler, welche ihren Beruf handwerksmäßig betreiben und heut' zu Tage schon ebenso gut bei Hof= und Stadttheatern, wie bei der kleinsten „Schmiere" zu finden sind. Die „Theater=Almanache" zeigen das Nähere.

Der gemeine, gewöhnliche Lump ist schon durch den verangirten Anzug zu erkennen; der „lumpige Comödiant" kleidet sich nicht selten sehr elegant und wäre vom honetten Menschen kaum zu unterscheiden, wenn nicht affectirter Gang, ein Hochtragen des hohlen Kopfes oder irgend ein auffallender Bestandtheil seiner Kleidung den Comödianten, wie die gewöhnliche Straßen=Phryne auf 50 Schritte Entfernung erkennen ließen.

Wir wollen hier nicht erst die geistige Qualification des lumpigen Comödianten näher beleuchten, denn Jedermann wird wohl wissen, was er von der geistigen Bildung irgend eines verkommenen Schneider= gesellen, Friseurgehülfen, Kellnerjungen u. s. w. aus denen sich das lumpige Comödiantenthum zumeist rekrutirt, zu halten hat. Wir wollen vielmehr gleich zur Charakteristik und den Lebens= Maximen eines solchen Wichtes übergehen.

Der Comödiant lebt entweder in wilder, oder sehr ungenirter Ehe. Er sieht dorthin, seine Ehehälfte dahin, jenachdem es der Vor= theil erfordert. Häufig verläßt er seine legitime Frau und hängt sich an irgend eine theatralische Phryne, mit der er einige Zeit lebt, und wenn er ihrer überdrüssig geworden, oder, wenn sie zu altern be= ginnt, so läßt er jene sitzen, gibt sie nicht selten mit 2—3 Kindern dem Elende Preis, und hängt sich an eine Andere. Nichtswürdige Comödiantinnen gibt es genug; er findet, wenn er auch der ver= rufenste Comödiant ist, doch immer eine gleichgestimmte Seele.

Die aus solchen „Verhältnissen" hervorgegangenen Kinder, die echten „Theaterkinder" werden frühzeitig in allen Kniffen und Nichtswürdigkeiten unterrichtet und bilden den würdigen Nachwuchs des lumpigen Comödiantenthums, die Zuchthaus=Candidaten und die Bewohnerinnen der Bettler=Hospitäler.

In artistischer Beziehung ist der Comödiant gewöhnlich eine

Null, wie sich dies wohl von selbst versteht. Im äußersten Falle bringt er es zum Routinier und nicht weiter. Grimassen, Unnatur, Possenreißerei, Männchenmacherei und cynische Improvisationen müssen die „Kunst" ersetzen.

Hat die Natur solch einem Comödianten ein erträgliches Exterieur verliehen, so spielt er sich in seinen jüngeren Jahren auf den gemeinsten „Don Juan" hin aus, ist hierbei aber ganz und gar nicht heiklich, wenn er nur in pecuniärer Beziehung seine Rechnung findet. Alt oder jung, schön oder häßlich — ist ihm einerlei, wenn er nur Geld bekömmt, oder anderweite Vortheile erlangt. Die Alten sind ihm regelmäßig lieber, als die Jungen, denn diese müssen seine Zärtlichkeiten unendlich theurer bezahlen. Goethe's Mephisto ist sein Orakel, der da spricht:

„Vor Allem lernet mir die Weiber rühren,
Es ist ihr ewig Weh' und Ach, so tausendfach
Aus einem Punkt nur zu curiren."

In kleineren Städten namentlich gibt es der dummen und sittenlosen Weiber viele. Diese lassen sich durch die extravaganten Grimassen des Comödianten verblüffen; jedes Wort, das er auf der Bühne spricht, entzückt sie, und wenn er auftritt, verfallen sie in Extase. Dies weiß der Comödiant trefflich zu benutzen; er kokettirt mit jedem häßlichen alten Weibe, das Geld hat und schwärmt für dasselbe, so lange es gibt oder geben kann. Auch mit jüngeren und hübscheren macht er die nämlichen Versuche und stört nicht selten den häuslichen Frieden achtenswerther Familien.

Als College ist der Comödiant wohl der perfideste, nichtswürdigste Mensch, den die Sonne bescheint. Er ist Poltron, Flegel, Heuchler, Verleumder, Gleißner, jesuitischer Krieger — jenachdem er Leute vor sich hat. Spielt etwa ein Anderer sein Fach mit mehr Glück als er, so werden alle Künste der Intrigue angewendet, um diesen Andern zu verdächtigen und unschädlich zu machen.

Hat sein Rivale ein Benefiz, so wird der Comödiant gewiß schon 14 Tage früher auf allen Bierbänken über das Benefizstück zu schimpfen beginnen und es unbegreiflich finden, wie man solch einen

Schund zum Benefiz wählen kann. Dieses in kleinen Städten gefährliche Manöver wird regelmäßig wiederholt und verfehlt nur selten seinen schändlichen Zweck.

Von seinen weiblichen Collegen spricht der echte Comödiant nie gut, wenn sie ihm kein Gehör geben. Die honnettesten unter ihnen haben seine Lästerzunge am meisten zu fürchten; den lieberlichen und verworfenen dient er um ein Billiges als Kuppler und Gelegenheitsmacher.

Für die Direction — sie sei nun ehrenwerth oder nicht — ist der lumpige Comödiant stets eine wahre Geißel. Abgesehen von seinen Prätensionen, die er erhebt, wenn er zufällig dem Publikum gefällt, erschwert er die administrative Leitung des Theaters bis ins Unendliche. Am Gagetage hat er meistens nichts mehr zu fordern, denn er hat durch à Conto=Zahlungen und Vorschüsse seine Forderungen vollständig erschöpft. Der Director ist genöthigt, ihm wieder Geld vorzustrecken, um nur den lieben Frieden zu erhalten. Es wäre nöthig, einen eigenen Buchhalter anzustellen, welcher das „Soll und Haben" solcher Lumpe in Evidenz zu erhalten und den Director vor Uebervortheilungen zu schützen hätte.

Da dem Comödianten nichts heilig ist, so achtet er auch keine contraktlichen Verpflichtungen. Hat er die Aussicht, irgendwo fünf Gulden mehr Gage zu bekommen, so geht er durch. Will es mit dem Durchgehen nicht gelingen, so fängt er mit dem Director Streit und Händel an und beleidigt denselben mitunter auch auf thätliche Weise, so daß er entlassen werden muß. Dieses Mittel, sich lästig gewordener Verpflichtungen zu entschlagen, ist eines der beliebtesten; — die vielen „Theater=Vereine" die gar häufig leeres Stroh dreschen, thäten wahrlich besser, wenn sie auf Mittel dächten, die geeignet sind, den Nichtswürdigkeiten lumpiger Comödianten ein Ziel zu setzen.

Von „Mein und Dein" hat der lumpige Comödiant gar schauderhafte Begriffe. Die Schuldenmacherei betreibt er mit Virtuosität. Wirthe und Cafetiers fallen ihm meistens zum Opfer; doch sind sie weniger zu beklagen, weil sie es zumeist verdienen, ordentlich beschwindelt zu werden. Da bei solchen Leuten nur der kecke Schwindler und Renommist in Ansehen steht und der ehrliche, unbescholtene Mann keinen Credit hat: so ist es ein Act der Nemesis, wenn sie von Comödianten, um deren Freundschaft sie bisweilen förmlich buhlen — auf die empfindlichste Weise betrogen werden.

Mit den Schneidern und Kleiderlieferanten verfährt der Comödiant nach einem ganz eigenen Systeme. Einem dieser Leute wird — dieß ist Grundbedingung — ein eleganter Anzug auf Credit abgeschwindelt. Dieser bildet gleichsam das gaunerische Stammkapital. Ist der Anzug vier Wochen getragen, so wird er verkauft. Mit dem Erlös, der in einer anständigen Summe besteht, wird nun zu einem andern Schneider gegangen, und die vorerwähnte Summe als Darangabe auf einen noch kostbareren Anzug deponirt. Selbstverständlich sieht der Schneider den bedeutenden Rest nie, und nach vier Wochen wird wieder ein anderer Schneider auf die nämliche Weise barbiert. Bis alle Schneider einer Stadt auf bezeichnete Art betrogen sind, vergeht eine geraume Zeit, meistens die ganze Contractsdauer, und eines schönen Morgens verbreitet sich die Kunde, der Comödiant habe sich bei Nacht und Nebel „verduftet".

Am auffallendsten characterisirt sich der Comödiant als solcher durch ein consequentes Schimpfen über Journalisten und Journalistik, wenn er auch ungesehen, vor dem unbedeutendsten Rezensentlein katzenbuckelt und alle mögliche Devotion äußert. Auf Bierbänken und im Kreise seiner würdigen Genossen führt er das große Wort und erklärt, daß ihm an dem ganzen „Geschreibsel" nichts liege, möchte aber vor Galle bersten, wenn er einmal mit Stillschweigen übergangen wird.

Abonnirt solch ein lumpiger Comödiant — sei er nun an einem Hof- oder Stadt-Theater engagirt, auf ein Theater-Journal, so zahlt er gewöhnlich eine Abonnementsrate und bleibt alle übrigen schuldig. Wird er darob belangt, so erklärt er, die Zeitung werde ihm gegen seinen Willen zugeschickt, er lese überhaupt keine Journale u. s. w. Aber es ist bekannt, daß die maßlose Eitelkeit, diese Erbsünde des gesammten Schauspielerstandes — namentlich den „lumpigen Comödianten" beherrscht und nöthigt, alle Bühnenberichte mit wahrem Heißhunger zu verschlingen.

Wird er irgendwo gelobt, so ignorirt er dies vornehm vor seinen Collegen und gibt vor, nichts gelesen zu haben. Sagt man ihm aber, er sei getadelt worden, so antwortet er, von Ferne gehört zu haben, daß ein Schmutzblatt ein Pamphlet gebracht habe.

Wenn schon der „lumpige Comödiant" eine widerliche Erscheinung ist, der jeder Ehrenhafte aus dem Wege geht, so ist die „lumpige Comödiantin" vollends ein Scheusal, die man wie die Pest fliehen soll.

Selbstverständlich reden wir hier, wie bei den „lumpigen Comödianten", nur von dem Abhube und verwahren uns feierlichst gegen die böswillige Zumuthung, daß wir den ganzen Stand schmähen wollen.

Wir können der verrufenen Race „lumpiger Comödiantinnen" keine so ausgedehnte Betrachtung widmen, wie ihren männlichen Collegen, weil wir Vieles aus Achtung vor dem sittlichen Gefühle des Lesers mit Stillschweigen übergehen müssen. Es mögen daher nur allgemeine Umrisse genügen.

Eitelkeit und Genußsucht sind die Elemente, aus denen die „lumpige Comödiantin" zusammengesetzt ist; diesen Götzen opfert sie bereitwilligst Ehre, Ruf, kurz Alles, was zu einer ehrenhaften Existenz erforderlich ist und die Achtung der Welt begründet.

Die Kunst ist bei der Comödiantin reine Nebensache; sie ist nur beim Theater, um gleichsam eine anständige „Firma" zu haben, und weil das Lampenlicht, die Täuschung der Bühne überhaupt Alles reizender erscheinen läßt, was sie zu verwerthen strebt.

So lange sie jung und hübsch ist, angelt sie nach der Aristokratie, nach glänzenden Uniformen und nach reichen jungen Leuten; sie ist „Camelien-Dame" in des Wortes vollster Bedeutung. Glänzende Garderobe zu entfalten, Schmuck in Massen zu besitzen, wie eine Fürstin zu leben — ist ihr einziges Bestreben.

Die listigsten und geriebensten unter den Comödiantinnen trachten irgend einen reichen alten Wüstling zu angeln und wissen denselben durch alle erdenklichen Mittel der Koketterie — nicht selten auch durch den ekelhaftesten Cynismus — dahin zu bringen, daß er sie heirathet, oder ihnen große Summen verschreibt.

Ist letzteres der Fall und haben sie die fatalen Dreißiger überschritten, dann wollen sie um jeden Preis einen Mann haben und als Private leben. Es findet sich auch nicht selten ein ruinirter Spieler, oder irgend ein anderes verkommenes Subjekt, dem an seiner Ehre nichts liegt, und der sie ihres Geldes wegen heirathet. Welchen Verlauf solch eine Ehe nimmt — brauchen wir wohl nicht erst zu schildern.

Hat sich eine Comödiantin kein Vermögen erworben und beginnen die Actien unter pari herabzusinken, dann wird zuweilen nach einem alternden Gecken von Director geangelt, der anfänglich als „väterlicher Freund" des „unerfahrenen oder verirrten dreißigjährigen Kindes" passirt, später aber recht systematisch ausgezogen wird und zu Grunde geht, nachdem er früher noch lächerlich geworden und die Achtung der Welt eingebüßt hat.

Heirathet eine solche Comödiantin — es kömmt dies auch zuweilen vor — einen Director, so ist sie eine Geißel für das Publikum und die Bühnenmitglieder. Jetzt erst wird sie spielwüthig, sie costümirt sich jugendlich und je mehr Falten und Runzeln das abgelebte Gesicht bedecken, desto sorgfältiger wird auf die Frisur gesehen. Ein Lockenkopf und gestutztes Haar — sind sehr beliebt.

Nach dreißig Jahren tritt bei alternden Comödiantinnen gewöhnlich die Epoche des Dickwerdens ein und die Persönlichkeit gewinnt an Umfang. Da werden denn englische Schnürmieder angewendet und eine schlanke Taille erzwungen. Dieses bis zum Exceß getriebene Experiment endet gar häufig mit einer soliden „Hernia" die über Kurz oder Lang durch eine Unvorsichtigkeit den Tod herbeiführt.

Findet die lumpige „Comödiantin" keine ebenbürtige Parthie, so liebt sie mit 40 Jahren die Spirituosen, ist Virtuosin im Kartenlegen, und hängt ihre letzte Habe jungen Burschen an, für die sie mit Leidenschaft schwärmt. Endlich bricht auch der Tag an, der ihr kein Engagement mehr bietet; sie wird gar häufig „dramatische Lehrerin" und betreibt unter dieser Firma nicht selten ganz andere Geschäfte, wird endlich von der Polizei ertappt und leider — um

20 Jahre zu spät — unschädlich gemacht. Sie endet gewöhnlich als Bettlerin in einem Hospitale.

Wir können diese Betrachtung nicht schließen, ohne die Ungerechtigkeit der Welt und verschiedener Machthaber anzuklagen. „Wenn Dich Dein Auge ärgert, so reiß' es aus" sagt die Schrift. Wer zum Diebstahl, zum Raube und zum Betruge verleitet, verfällt dem Gesetze. Wie viele unglückliche Leute schmachten in unseren Zuchthäusern und büßen die Verbrechen des Betrugs und der Fälschung ab, zu denen sie durch Comödiantinnen gebracht wurden! Wie viele hoffnungsvolle junge Leute, die den Ehrenrock des Soldaten trugen und einer schönen Zukunft entgegen gingen, mußten einer nichtswürdigen Comödiantin wegen, die ehrenvolle Bahn verlassen und schmachten jetzt im Elende. Was geschah den nichtswürdigen Phrynen? Nichts! Hungrige Photographen verfertigten ihre Bilder und stellten sie an den Schaufenstern der Kunsthandlungen neben den Heroen des Wissens und der Intelligenz aus, während ein Pranger der passendste Platz für derlei Scheusale gewesen wäre! Daß es Directoren gibt, die solche Möbel engagiren, darf uns nicht wundern, denn — Similis simili gaudet! Wir fragen einfach: war es eine gar so haarsträubende Inhumanität, solchen Pestbeulen der menschlichen Gesellschaft — die seit jeher Alles Unheil ungestraft verüben durften, ein ehrliches Begräbniß zu versagen?

III.

Verwandtschaften und Sippschaften beim Theater.

Wenn der Ruf irgend ein Theater als ein echtes Intriguen-Nest bezeichnet, wenn die Klage über schlechte Rollenbesetzung und über ein gewisses Hinaufoctroyren mißliebiger Persönlichkeiten durch die Journale läuft: dann kann man darauf wetten, daß bei diesem Theater das Unheil der Sippschaft und Verwandtschaft in vollster Blüthe steht.

Ist es bisweilen schon schrecklich, wenn der Director selbst Comödie spielt, oder die Frau Directorin exclusiv ein Fach für sich in Anspruch nimmt, für welches dieselbe längst nicht mehr paßt: so ist es noch weit schrecklicher, wenn die p. t. Brüder, Schwestern, Schwäger, Schwägerinnen, Schwiegereltern, Neffen und Nichten der Direction als ausübende Künstler oder sonst in einer Anstellung beim Theater fungiren.

Ein altes Sprüch= und Wahrwort bezeichnet die Dienstboten als „gezahlte Feinde"; die tägliche Erfahrung aber zeigt, daß die Directions=Verwandten noch um 50 Prozent schlechter sind und dem Institute unendlich schaden.

Der fremde, nicht zur sauberen Sippschaft gehörende Künstler — stände er selbst auf der Kunsthöhe eines Talma — wird nie zur Geltung gelangen, ja auch nicht eine einzige Rolle spielen, wenn dieselbe in das von einem „lieben Anverwandten" bekleidete Fach gehört. Das Publikum ist verurtheilt, die oft haarsträubenden Capriolen eines Herrn Schwagers „Intriguants" und die ekelhaften Mimudereien eines Fräuleins Nichte im Fache der „ersten naiven und jugend= lichen Liebhaberin" Jahr ein, Jahr aus bis zum Ueberdrusse zu genießen.

Alle guten Rollen, das schönste Costüm, die elegantesten Re= quisiten nimmt die löbliche Sippschaft für sich in Anspruch; die nicht verwandten engagirten Mitglieder müssen sich mit dem Abhube begnügen.

Für die p. t. Verwandten giebt es keine Disziplinar=Satzungen, keine Strafen; ihnen ist selbst das erlaubt, was bei einem anderen Mitgliede die Kündigung, ja selbst die augenblickliche Entlassung zur Folge hätte.

Der Director — wäre er auch ein Halbgott an Energie und Scharfsinn — sinkt bald zum Spielball in den Händen seiner werthen Sippschaft herab; denn wer vermöchte es wohl, die zahlreichen Intri= guen, Machinationen, großen und kleinen Niederträchtigkeiten zu überblicken, welche auf dem für derlei Manöver so günstigem Theater=

Terrain nach allen Richtungen hin von der Verwandten-Clique angezettelt werden?

Wären diese lieben Anverwandten mit dem Director immer nur artig und familiär, so könnte das Verhältniß noch hingehen. Gar häufig aber findet es sich, daß ein Herr Schwager, ein Herr Cousin u. s. w. heimlich und öffentlich den Respect gegen den Director und Brotherrn vergißt, denselben beschimpft, entehrt und die scandalösesten Scenen in Gegenwart der Theaterangehörigen herbeiführt.

Wehe dem Director, der es so weit kommen läßt, oder der, wenn es durch seine Schwäche und Gutmüthigkeit leider schon so weit gekommen ist, nicht augenblicklich die ganze Sippschaft zur Thüre hinauswirft!

Wer könnte solch einen Director achten, der sich Insulten gefallen ließe?! Müßte man nicht mit Grund annehmen, daß er gar kein Mann von Ehre und mithin nicht würdig sei, als Chef eines achtenswerthen Instituts zu fungiren? — Jagt er das ganze Gesindel nicht zum Teufel, so verdient er gejagt zu werden.

Welchen Nachtheil derlei Sippschaften in ökonomischer Beziehung einem Theater bringen, davon kann sich der Uneingeweihte wohl keinen Begriff machen. Der gute Director wird von seinen nächsten Anverwandten, die er mit gewissen Aemtern betraut, systematisch bestohlen, und muß die Spiel- und Kneipen-Schulden irgend eines süßen Bengels von Vetter, Schwager, Cousin u. s. w., ohne daß er es weiß, bezahlen. Garderobe und Bibliothek bleiben natürlich von solchen verwandtschaftlichen Piratereien auch nicht verschont und somit geht die ganze Wirthschaft selbst bei den brillantesten Verhältnissen den Krebsgang.

Eine dreißigjährige Beobachtung brachte uns die Thatsache wiederholt vor die Augen, daß die honnetteste Bühne zur miserabelsten Schmiere herabsank, wenn sich bei derselben Verwandtschaften und Sippschaften einnisteten. Ein jeder vernünftige Director sucht sich daher möglichst schnell davon zu emancipiren.

Ein intelligentes Publikum legt gegen derlei Sippschaften stets energischen Protest ein, aber da ist die Beseitigung des Uebels gewöhnlich schon mit Schwierigkeiten verbunden. Daher sollten Jene, die

Theater zu verleihen haben, dem Directions=Candidaten ernstlich bedeuten, daß man nicht gewillt sei, den Verwandtschafts= und Sippschafts=Unfug einreißen zu lassen, durch den jedes anständige Theater unter die Bude herabsinkt.

IV.
Theater=Mütter und Theater=Weiber.

Vor Allem müssen wir hier bemerken, daß unter obigen Bezeichnungen, nicht die activen, ausübenden Künstlerinnen in specie zu verstehen seien, die Mütter= und Frauen=Rollen spielen, sondern jene Damen, deren Kinder sich der Kunst widmen, — und die Gattinnen der Theater=Angehörigen.

Beide Species haben in der Theaterwelt keinen besonders günstigen Ruf und dies meistens mit vollem Rechte; denn sie sind wahre Geißeln für die Gesellschaft und die Nägel zu den Särgen der Directoren. Doch kommen auch hier — freilich nicht allzuhäufig — rühmliche Ausnahmen vor; — dies müssen wir, um gerecht zu sein, feierlichst bekennen.

Wer kennt nicht den berühmten Tanne in der Posse: „Der Vater der Debütantin?" Dieser zudringliche, unvertreibliche, zu allen Ränken aufgelegte alte Comödiant, der, wenn er nicht auch komisch wäre, vollkommen unausstehlich erscheinen müßte, ist jedenfalls ein Engel an Bescheidenheit, gegen eine echte, urwüchsige „Theater=Mutter".

Unter den „Theater=Müttern," wie wir sie hier zu zeichnen versuchen wollen, giebt es zwei Gattungen; nämlich solche, die selbst nie beim Theater waren, und solche, die entweder noch in Thaliens Tempel dienen, oder Anno dazumale gedient haben.

Erstere sind harmloser als Letztere und haben blos die Schwachheit, aller Welt begreiflich machen zu wollen, daß ihre Kinder wahre

Muster von Tugend, Sittsamkeit, exquisiter Erziehung und wissenschaftlicher Bildung, ursprünglich für einen anderen Beruf bestimmt waren und nur deshalb und nach großen Kämpfen zum Theater gelassen wurden, weil Autoritäten des Wissens und der Kunst den Ausspruch thaten: es wäre unverantwortlich, solch ein eminentes Talent von einem Pfade abzulenken, auf dem es schnurstracks zu Glanz und Ruhm, ja zur Unsterblichkeit gelangen muß!

Eitelkeit und Affenliebe sind so alt wie die Welt!

Die Letzteren, nämlich jene Mütter, welche noch im Dienste der „schönen Sünde" stehen — wie Tartüffe das Theater nennt — haben durchweg nur „Wunderkinder" — wahre Phänomene von Talent, die mit vier Jahren schon Bravour-Arien sangen, Shakespeare'sche Monologe recitirten, Solo-Scenen spielten, a la Elster tanzten, Humor und Witz manifestirten und eine noch nicht dagewesene Grazie entwickelten.

Natürlich erhielten diese Phänomene, die gar häufig im 12. Lebensjahre noch nicht geläufig lesen können und denen die Orthographie zeitlebens eine terra incognita bleibt, die sorgsamste Erziehung und gehören nicht zu den „gewöhnlichen Theaterbrüdern".

Kein Mittel ist solchen „Theater-Müttern" zu schlecht, keine Intrigue zu mühsam, keine Verleumdung zu nichtswürdig, wenn es gilt, das Interesse des Wunderkindes zu fördern. Kömmt das „liebe Püppchen" oder der „süße Bengel" erst in die Jahre, wo es sich auch noch anderweit speculiren läßt, dann werden alle Schleusen der Intrigue geöffnet, und echte „Theater-Mütter"

„werden zu Hyänen und treiben mit Entsetzen Spott".

Wie Redacteure und Journalisten bestürmt werden, diesen Phänomenen den Weg zur Unsterblichkeit anzubahnen, davon könnten wir gar ein schauriges Liedchen singen; wir unterlassen es jedoch, weil die Directoren, auf deren Bühnen solche Wunderkinder sich die ersten Ruhmeskränze holen sollen, noch häufiger Gelegenheit finden, ihre Sünden abzubüßen.

„Solamen miserum, socios habuisse malorum! —

Auch die „Theater-Weiber" theilen sich in zwei verschiedene Gattungen, nämlich in active Schauspielerinnen und solche, die nie

beim Theater waren. Sie gleichen in vielen Stücken den „Theater=
Müttern" und wir müssen, um gerecht zu sein, auch hier einige
Ausnahmen zugeben.

Die Ersteren leben gewöhnlich — wenn auch nicht immer, aber
doch sehr häufig — in äußerst ungenirter Ehe, sind bis zum Exceß
tolerant, aber mit ihren Gatten stets vollkommen einig, wenn es gilt,
irgend einen materiellen Vortheil zu erzielen. Cabalen, Intriguen,
Machinationen gegen Collegen und Rivalen werden en compagnie aus=
geführt und die Directoren mit vereinten Kräften gepeinigt.

Alle Comödianterien, die einzeln in Scene gesetzt, schon
verdammenswerth erscheinen, werden mit verstärktem Apparate aus=
geführt und erzielen daher auch weit größere Resultate.

Ist der Gemahl ein theatralischer Würdenträger, z. B. Re=
gisseur, Secretär, Capellmeister u. s. w., dann stehen Cabalen
und Protectionen aus schmutzigen Motiven in üppigster Blüthe. Alle
in der Macht solcher Würdenträger liegenden Begünstigungen werden
plus offererti versteigert.

Die Letzteren, d. h. jene „Theater=Weiber" die ad personam
nicht dem Theater angehören, sondern blos die legitimen oder ille=
gitimen Gattinnen von Theater-Angehörigen sind, gehören — mit
seltenen Ausnahmen zu den unleidlichsten Geschöpfen und die Schil=
derung ihrer Charakteristik wäre eine würdige Aufgabe für einen
Paul de Kock.

Zumeist sind dieselben alberne, bildungslose Geschöpfe; in
Rücksicht auf Klatschsucht und Geschwätzigkeit verwandt mit den Wiener
Kräutlerweibern und Fratschlerinnen, nebstbei aber noch dumm=
dreist und so unverschämt, über Alles zu schwätzen, wovon sie
nicht den leisesten Schimmer haben.

Ein echtes, albernes Theaterweib entblödet sich nicht, arro=
gant und absprechend darein zu reden, wenn ihr Mann mit Gelehrten
oder Fachleuten über Literatur, Kunst, Mathematik, Physik, Chemie und
Astronomie spricht. Derlei geschwätzige Elstern setzen einen besondern
Werth darein, mit aufgelesenen Floskeln herum zu werfen, in Ge=
sellschaften das Wort zu führen und für gute Hausfrauen zu gelten.
Sie lieben Gesellschaften, versammeln junge Leute um sich und ge=

statten in ihren Wohnungen Rendezvous junger Laffen mit Theater=
damen, wenn bei solchen Anlässen gehörig aufgetischt wird. Diese
Species von Kuppelei erscheint ihnen gar nicht unanständig. Sie
mengen sich des Abends unter das Publikum, und obgleich allenthalben
bekannt, geniren sie sich nicht im Geringsten, für ihre p. t. Gatten
Parthei zu nehmen, wüthend zu applaudiren, Vorrufe zu erzielen u. s. w.

Vorzüglich sorgen die „Theater=Weiber" dafür, daß Klätsche=
reien in Permanenz erhalten werden und alle erdenklichen Coulissen=
geheimnisse mit den abenteuerlichsten Randglossen verziert, recht
schnell in die Publicität gelangen.

Nimmt der Gatte eines solchen „Theater=Weibes" in artistischer
Beziehung eine ehrenvolle Stelle ein, so erscheint das alberne Weib
an allen öffentlichen Orten mit demselben, und zieht ihm durch ihr
albernes Geschwätz, wodurch sie sich selbst unsterblich blamirt, Mit=
leider und Feinde zu.

Leider haben häufig ganz gescheidte, achtenswerthe Künstler
die beklagenswerthe Schwäche, ihren dummen Weibern nicht im=
poniren zu können und werden dadurch lächerlich, wenn sie in ge=
bildeten Kreisen mit ihnen erscheinen.

Ueber Kinder=Erziehung wissen derlei Weiber viel zu schwätzen;
ihre lieben Rangen sind natürlich wahre Phänomene von Geist, Cha=
rakter (!!) und Witz, während ruhige Beobachter in dem lieben Nach=
wuchse, der, um mit Weber zu sprechen „die affenähnliche Ge=
müthsart der chère Mama geerbt hat", nichts als naseweise,
altkluge, eigensinnige, gefräßige und gänzlich verzogene Bälge
erblickt.

Will der Himmel einmal ein vollkommenes Scheusal sehen,
irgend ein Publikum empfindlich strafen und den Comödianten eine
Geißel senden, so läßt er solch ein albernes „Theater=Weib" —
Directorin eines kleinen Theaters werden. Da feiern Unsinn,
Hochmuth und Gemeinheit erst ihre wahren Triumphe!

Bevor man uns bezüglich der vorstehenden Schilderung der Ani=
mosität oder Uebertreibung beschuldigen will — befrage man ge=
fälligst einen alten Praktiker, der das Theater näher, als vom Par=
terre aus kennt. Derb sind unsere Schilderungen, aber nicht un=

wahr; wir werden eingedenk des alten Spruches: „Auf groben Klotz gehört ein grober Keil" auch in unseren ferneren Schilderungen diese Sprache beibehalten.

V.
Das Benehmen der Herren Directoren gegen ihre Mitglieder, gegen Journalisten und gegen das Publikum.

Wenn irgend ein Beruf, eine Stellung im Leben, ganz besonders ein kluges, vorsichtiges, ernstes und würdevolles Benehmen erheischt, so ist es ohne Zweifel der Beruf und die Stellung eines „Theater=Directors."

Wir betonen hier ganz besonders die Bezeichnung „Theaterbirector," um den Leser in Vorhinein aufmerksam zu machen, daß unsere Betrachtungen nicht der verrufenen Kaste gewöhnlicher „Theater=Prinzipale" gewidmet sind. Der „Theater=Director" in des Wortes eblerer Bedeutung verhält sich zum „Theater=Prinzipale" genau so, wie der achtenswerthe „Bühnen=Künstler" zum gewöhnlichen „Dutzend=Schauspieler" oder „Comödianten". Er steht jedoch so tief unter dem Nullpunkte des moralischen Werthes, daß es eine unverantwortliche Zeitverschwendung wäre, wenn man über denselben andere Betrachtungen anstellen wollte, als die, welche auf die vollständige Ecrasirung dieses sittenverderbenden Gelichters hinauslaufen.

Wir haben in unserer nahezu dreißigjährigen Theaterpraxis oft genug wahrgenommen, daß Directoren, Intendanten, Geschäftsführer u. s. w., denen man die löblichsten Eigenschaften nachrühmen konnte, im Punkte des „Benehmens" gegen ihre Mitglieder, gegen die Journalisten und gegen das Publicum sich arge Verstöße zu Schulden kommen ließen. Schroffes, dünkelhaftes, despotisches Ver=

fahren, richteten ebenso viel Unheil an, als ein allzucordiales, ultrafreundliches, an Wegwerfung streifendes Betragen. Die rechte Mitte zwischen diesen beiden Extremen herauszufinden, ist allerdings eine schwierige, für einen Mann von Kopf und Herz aber nicht unlösbare Aufgabe.

Ernst, Würde, Anstand und Strenge — die wünschenswerthesten Eigenschaften eines achtbaren Directors — lassen sich recht gut mit feiner Lebensart, Humanität und Urbanität vereinigen. Man kann „Herr" sein und dem Untergebenen — stehe er auch noch auf so hoher Stufe der Kunstbildung — mit Würde und Lebensart imponiren. Dies geschieht wohl am leichtesten dadurch, wenn man hohe Achtung vor der Kunst hegt, darüber aber den ausübenden Künstler auch als „Menschen" ins Auge faßt. Benimmt Letzterer sich wie ein ungezogener Straßenjunge, wie ein gewöhnlicher Krakehler und Kneipen-Renommist, so hat er sich ohnehin an der Kunst, welche den Menschen veredeln soll, arg versündigt, und der achtenswerthe Director wird ohne Rücksicht auf etwaige materielle Vortheile den Künstler, der nebenbei ein excessiver, exorbitanter „Mensch" ist, mit jener Strenge, jenem Ernste zur Ordnung anhalten, wie den gewöhnlichen Lumpen, ohne ein ungünstiges Urtheil der Vernünftigen und Einsichtsvollen unter seinen Mitbürgern befürchten zu dürfen.

Wenn Einige behaupten, eine echte Künstlernatur könne sich nicht in die Schranken der Ordnung fügen, und wirke erst dann schöpferisch, wenn ihr eine gewisse Ungebundenheit zu Statten kommt, so ist dies großer Unsinn. Die Kunst ist rein göttlichen Ursprungs, das Göttliche aber ist das Urbild der vollendetsten Ordnung in ihrer lieblichsten Form. Was man heut' zu Tage oft für Kundgebungen des Genies, für einen Anflug von Genialität hält, ist nichts weiter als übertünchte Lumperei, die sich hinter alberne Grimassen versteckt, und die von Leuten, deren Moralität und Ordnungsliebe sehr fadenscheinig ist, für „liebenswürdig" gehalten und gepriesen wird. Der achtenswerthe Director kehre sich also in diesem Falle ganz und gar nicht daran, ob irgend ein sittenloses Individuum seiner Bühne sich großer Sympathieen des Publikums erfreue. Die tägliche Erfahrung lehrt es ja, daß oft der sittenloseste

Lump, die verrufenste Hetäre, die unverschämteste Phryne von dem tonangebenden Theile des Publikums gehätschelt und geschätzt wird. Der Wiedehopf ist ein ganz schöner Vogel und sein glänzendes Kopfgefieder besticht das Auge; aber es kann keinem anständigen Menschen einfallen, einen Wiedehopf in sein Prunkzimmer zu stellen und dieses Prunkzimmer durch mephitische Ausdünstungen zu verpesten. Der ehrenwerthe Director, als Leiter eines auf die Hebung der öffentlichen Gesittung den mächtigsten Einfluß übenden Institutes, muß mit eiserner Strenge darauf sehen, daß seine Leute — seien sie auch die größten Künstler und von ihnen sein materielles Wohl abhängig — auch als „Menschen" achtenswerth erscheinen.

Der gewöhnliche, ehrlose „Theater-Prinzipal" sagt: Wenn meine Leute nur von der Bühne herab dem Publikum genügen, so haben sie ihren Zweck erfüllt. Alles Uebrige kümmert mich nicht — ich kann keine Karthäuser, keine Nonnen auf die Bühne stellen u. s. w. So spricht der gewöhnliche „Theater-Prinzipal", aber wahrscheinlich nur darum, weil er selbst ein nichtswürdiger Cyniker ist, der sich um Geld selbst zur Kuppelei und Gelegenheitsmacherei herbeiließe, mit einem Worte: weil er kein honnetter, achtenswerther Mensch und Director ist. Solch ein Subjekt würde ganz gut zum Wirthe einer jener Schenken passen, deren Einführung ein großer Monarch mit der humoristischen Bemerkung zurückwies, „daß man eine ganze Stadt unter ein Dach bringen müßte".

Strenge, Ernst und würdevolles Benehmen bedingen aber andererseits auch nicht, daß der Director sich für eine Art „Souverain" halte, in seinem Geschäftsleben und seinen Leuten gegenüber den „gnädigen Herrn" spiele, nur zu bestimmten Stunden „Audienzen" ertheile, ohne Anmeldung Niemanden vorlasse u. s. w. wie uns hie und da auch schon vorkam. So hoch steht kein „Director" der Welt, um in dem Wahne leben zu dürfen, er sei eine Art Majestät, welcher zu nahen nur wenigen Auserwählten gestattet ist!

Vor Allem wird ein vernünftiger, achtenswerther Director seiner Frau keinen, wie immer gearteten Einfluß auf die Geschäftsleitung gestatten. Publikum und Bühnenkünstler sollen in ihr nur die „Gattin des Directors", nie aber einen Theil der „Direction" erblicken.

Bei gewöhnlichen „Theater=Prinzipalen" ist dies freilich anders; da spielt die Frau Prinzipalin meistens schon in artistischer Beziehung ihr exclusives Fach. Sie redet in die Geschäftsführung darein, protegirt etwa einen ersten Liebhaber und Helden aus alter Collegialität (?), führt das Kassen= oder Garderobenwesen, läßt sich „gnädige Frau" tituliren und ist nicht selten das böse Prinzip des Theaters. Die „Schmieren=Wirthschaft" ist unvermeidlich. Die bodenlose Gemeinheit und Bildungslosigkeit solcher Weiber, die, wenn sie keine sogenannten „Theaterkinder" sind, ihre Cariere zumeist als Kellnerinnen einer verrufenen Kneipe, als Mägde bei irgend einer Comödiantin, als Theater=Friseurin u. s. w. begonnen, und oft schauderhafte Antecedentien haben — bedingen den Untergang jeder noch so anständigen Unternehmung.

Verderblicher noch als Stolz und Dünkel, wirkt bei einem Director ein allzucordiales, ultrafreundliches und fraternisirendes Benehmen gegen die Mitglieder. Ist der Herr Director nur einmal auf „Du und Du" mit einzelnen Bühnenangehörigen, besucht er mit ihnen Gast= und Kaffeehäuser, macht er mit ihnen Landpartien u. s. w., dann ist der Respect zum Teufel und die Ordnung geht aus den Fugen. Der humanste, liebenswürdigste und nachsichtigste Director muß dem Untergebenen gegenüber doch unter allen Umständen „Herr" bleiben. Er kann deshalb doch ihr wahrer, wohlmeinender Freund sein; doch möge er nicht nach dem Ruhme geizen, etwa von einer Tänzerin, Choristin oder sonstigen jungen Theaterangehörigen als „väterlicher Freund" gepriesen zu werden. Die Welt hegt — zumeist nicht ohne Grund — großes Mißtrauen gegen solche Freundschaft.

Den Journalisten und Vertretern der Kritik gegenüber, wird der achtenswerthe Director stets ein artiges, anständiges Benehmen beobachten. Selbst in Fällen, in welchen er ungerechterweise getadelt wird, soll er nicht höher als an den Areopag des Publikums, aber auch nur stillschweigend appelliren. Das Gebahren des Journalisten steht unter einer weit gefährlicheren Controlle, als die Gestionen eines Directors. Die Richter des Ersteren sind Fachleute, Aristokraten des Wissens, und ihr Urtheil hat Gültigkeit für eine Welt. Giebt sich der Kritiker eine Blöße, so bricht die Intelligenz den

Stab über ihn und er ist vor der ganzen literarischen Welt gerichtet. Ist das Urtheil des Kritikers ungerecht, wird es von Haß und Leidenschaft dictirt: dann sind die Repräsentanten des Wissens und der Intelligenz die Anwalte des Directors und er gewinnt hierdurch offenbar. Der achtenswerthe Director darf stets, auf den Schutz der literarischen haute volée rechnen; sie wird für ihn nicht nur gegen ungerechte Kritiken, sondern gegen unbillige Ansprüche des Publikums und müßiggängerischer Tonangeber den Kampf aufnehmen.

Ein gefährlicheres Spiel kann ein Director wohl kaum wagen, als das, sich mit der Journalistik in eine öffentliche Polemik einzulassen. Er sollte in solchen Fällen füglich bedenken, daß die Selbsthülfe, bei welcher er doch stets den Kürzeren ziehen muß, ihm auch die Sympathieen aller anderen Schriftsteller entzieht, von denen er sonst Schutz zu erwarten hätte.

Vor Allem entschlage sich jeder Director des Wahnes, die öffentliche Besprechung seines Institutes sei entbehrlich. Wird sein Institut nie besprochen, so wird es bald einem stagnirenden Wasser gleichen und versumpfen. Schweigen ist Tod, moralische Verwesung. Verdientes Lob gereicht dem Institute zum Nutzen; verdienter Tadel wirkt läuternd und klärend. Er nehme also beide gleich dankbar hin. In allen Fällen ist der gedruckte Ausspruch der öffentlichen Meinung von hoher Wichtigkeit für ihn, und eine Nichtbeachtung desselben führt gar bald seinen Ruin herbei.

Thatsache ist es, daß der Director unter der großen Anzahl von Geschäftsleuten wohl der Einzige ist, welcher den Vortheil genießt, sich sein Publikum heranzubilden, Sinn für das Edle und Schöne zu wecken, und so auf kluge Weise der öffentlichen Gesittung eine wohlthuende Richtung zu geben. Ist er nicht blos speculativer Geschäftsmensch, ist er ehrlich genug, dem bisweilen sehr verdorbenen Geschmacke des Publikums nicht zu huldigen, allen Cynismus von der Bühne zu verbannen und nur edle Schöpfungen dichterischer Phantasie vorzuführen: dann ist sein Wirken ein segensreiches und sein Verdienst ein anerkennenswerthes. Er muß freilich anfänglich große Opfer bringen, bis es ihm gelingt, dem Geschmacke eine edlere Richtung zu geben, aber er wird neben der Achtung seiner Mitbürger auch seinen materiellen Nutzen finden.

Es giebt unter den Directoren und Principalen Leute, die nach einer gewissen Popularität streben, welche bei Lichte betrachtet, nichts werth ist.

Gewisse vornehmthuende Directoren drängen sich in die Zirkel der haute volée, geben und besuchen Gesellschaften und spielen sich auf Aristokraten hinaus. Gewöhnliche Theater-Prinzipale sind in allen Weinstuben, Cafées, Restaurationen u. s. w. zu treffen und buhlen um die Gunst eines Gevatters Schneiders oder Handschuhmachers.

Weder der Eine, noch der Andere erlangt die gehoffte Popularität, Beide aber verlieren mindestens ihre Selbstständigkeit, werden — ohne daß sie es selbst merken — von Einflüssen regiert und genügen dann immer nur einem Theile des Publikums. Ihr Leitungssystem wird schwankend, ihr Geschmack bekömmt ein schillerndes Colorit.

Wir kannten Schriftsteller, welche, um originell zu bleiben, nie die Werke eines Anderen lasen, der mit ihnen auf gleichem Gebiete wirkte. Trotzdem waren sie doch geniale Leute und ihre Schöpfungen ruhmwürdig. Sie strebten nicht nach Popularität, und doch erreichten sie dieselbe in weit höherem Grade als Andere, die sich in Clubbs, Vereinen und Coterien herumtrieben, und deren Namen in allen Journalwinkeln, in allen Musen-Almanachen und Taschenkalendern zu finden waren.

Der kluge, achtenswerthe Director beobachte sein Publikum von Ferne, lebe eingezogen und nur seinem Berufe. Vorzüglich hüte er sich, gewisse Privatpassionen, z. B. Jägerei, Fischerei, Hyppologie, Sammlungen, oder — was das Schlimmste wäre — gewisse cynische Paschagelüste merken zu lassen. Kömmt er mit dem Publikum in unmittelbare Berührung, so erweise er sich als Mann von Sitte und feiner Lebensart. Sinnlose Anforderungen weise er mit höflicher Bestimmtheit zurück. Jede Berührung mit gewissen verrufenen Tonangebern, deren miserabelste Species wohl die sogenannten „Theater-Mauschel" bilden, bei denen Cynismus und Arroganz die Stelle der In-

telligenz und des gesunden Menschenverstandes vertritt, vermeide er sorg=
sam und achte nicht auf ihr Geschrei. Sehen dieselben, daß man sie
gänzlich ignorirt, so werden sie nach und nach sogar bescheiden, was
bei einem gewissen Volke zu den Wundern gezählt werden muß.

Der Director eines Theaters ist zwar keine geheiligte Person, in
deren Nähe sich nur Auserwählte wagen dürfen; sein Büreau und seine
Wohnung darf aber auch nicht einem Tabacksladen, einer Lotto=
Collectur oder einer Schnappsbude gleichen, in welche jedem
Laffen der Zutritt gestattet ist.

Wir haben hier wohl wieder einmal einige Tausend Worte in den
Wind gesprochen, doch lassen wir es uns nicht reuen. Es werden sich
unter den zahlreichen Lesern doch wohl Einige finden, die unsere red=
liche Absicht nicht verkennen und dies genügt uns! —

VI.
Die ökonomischen Grundsätze der p. t. Herren Directoren.

Bei keiner Unternehmung im bürgerlichen Geschäftsleben wird der
Begriff der „Oekonomie" oder weiser „Sparsamkeit" so übel
verstanden, so schlecht realisirt, als beim Theater, sei es nun eine Privat=
Unternehmung oder stehe es unter der Administration irgend einer
großen Corporation.

Kaum glaublich ist es, wie ängstlich oft die unbedeutendsten
Ausgaben vermieden, wie die nothwendigsten Anschaffungen unter=
lassen werden. Diese unzeitige Knickerei straft sich meistens bitter; denn
entweder gehen kostspielige Utensilien, die einer kleinen Reparatur be=
durften, vollkommen zu Grunde, oder es sieht Jeder, der nur stehlen
kann, zu, dem geizigen Director Schaden zuzufügen.

Es giebt Directoren die ein Zetergeschrei erheben, wenn ein

gläsernes Lampenrohr zerbrochen wird, wenn sie ein Dutzend kleiner Nägel anschaffen müssen, oder wenn sie dem Buchbinder einige Groschen für das Einbinden der Partituren, Bücher u. s. w. zahlen sollen. Dagegen überlassen sie die Controlle der Tages-Einnahmen irgend einem Mitgliede ihrer verehrlichen Sippschaft und werden systematisch bestohlen.

Man sucht Groschen und Kreuzer zu ersparen und bemerkt nicht, daß Gulden zum Teufel gehen. Ob der Kassen-Rapport richtige Daten nachweise, ob nicht Einverständnisse zwischen den Billeteuren und dem Cassier Statt finden, ob die Controlle zweckmäßig gehandhabt werde — darum kümmern sie sich nicht, haben auch meistens nicht so viel Scharfsinn, um allfällige Betrügereien zu entdecken und möglichst schnell zu beseitigen. Wie alle Dummheiten und Verkehrtheiten in der Welt, hat auch die übertriebene Oekonomie der Directoren tausendfache Nuancen und Abarten.

Eine der gemeinsten und gewöhnlichsten ist die Beschränkung der Gagen. Diese wird zuvörderst dadurch erzielt, daß die löbliche Direction recht viele ihrer lieben Anverwandten in den ersten Fächern beschäftigt und so zu sagen en famille spielt. Ist dies nicht durchgehends möglich, so wird nach theaterwüthigen Anfängern geangelt, welche sich mit unbedeutender Gage zufrieden stellen, oft auch gar keine Gage beziehen.

Um die Agenten-Honorare zu ersparen, wird mit obscuren Leutchen in entfernten Winkeln der Welt correspondirt und mit dem seligen Bewußtsein, wieder einige Gulden erspart zu haben, der Contract direct an Leute gesendet, die sich dann häufig als ganz unbrauchbar erweisen.

Choristinnen, Tänzerinnen, Figurantinnen, die möglichst hübsch aber sehr leichtfertig sein müssen, bekommen eine Gage, um welche kein Hausknecht oder Karrenschieber sich zu dienen herbeiließe; — dabei erhalten sie aber keinen Faden von der Garderobe und sollen immer eine schöne Toilette haben.

Das Garderobe- und Arbeits-Personal, die ganze Comparserie — wird auf das Minimum restringirt. Ein Garderobier, ein Gehülfe — Letzterer zuweilen auch Requisiteur — müssen die

Garderobe überwachen, neue Garderobestücke anfertigen und des Abends sämmtliche Schauspieler und Statisten ankleiden.

Die Folgen dieser übelverstandenen Oekonomie lassen nie lange auf sich warten. Das Publikum läßt sich die hinaufoctroyirte Sippschaft, die Alles spielt, was gut und theuer ist, nicht lange gefallen, wird unwillig und der Theaterbesuch vermindert sich zusehends. Ebenso wenig genügen die Anfänger. Man verlangt für sein Geld gute Leistungen und weiset armselige Versuche entschieden zurück. Die ohne agentliche Garantie und Intervention engagirten Fremden fallen gewöhnlich schauderhaft durch, das Publikum will sie nicht dulden, und die verehrliche Direction, welche das Agenten-Honorar ersparte, büßt nicht selten einen „Vorschuß" ein, welcher das Fünffache des Agenten-Honorars beträgt.

Zu welchen Mitteln arme Choristinnen, Figurantinnen, Tänzerinnen u. s. w. greifen müssen, um zu existiren — dies glauben wir nicht erst näher erörtern zu dürfen. Der sittliche Ruf eines Theaters ist eine der Hauptbedingungen seines Bestehens. Geht die öffentliche Achtung verloren, dann tritt die „Budenwirthschaft" ein, und das Publikum, welches an derselben Geschmack findet, ist glücklicherweise kein so zahlreiches, daß durch dasselbe der Bestand einer solchen Prostitutionsbude gesichert würde.

Das Garderobe-Personale und die Comparsen können beim besten Willen ihre Pflicht nicht erfüllen. Arbeiten, die mit einer entsprechenden Anzahl von Arbeitskräften in wenigen Tagen vollbracht werden könnten, kommen erst nach Wochen zu Stande. Die Stoffe, welche so lange unter den Händen bleiben, werden abgenützt, noch ehe das Garderobestück fertig ist. Das An- und Auskleiden der Schauspieler und Choristen muß mit Hast geschehen; Alles wird herabgerissen und herumgeworfen. Zu kleinen Reparaturen fehlt es an Zeit, und somit geht die Garderobe, die jahrelang Dienste leisten könnte, oft schon nach einem halben Jahre vollständig zu Grunde.

Was gewinnen also die p. t. Herren Directoren bei solcher Oekonomie? Die handgreifliche Antwort findet sich nach Ablauf eines Jahres in den Geschäftsbüchern verzeichnet, wenn anders vielleicht aus Oekonomie keine Geschäftsbücher geführt werden.

So lange diese verkehrte Oekonomie nur aus Dummheit und unrichtiger Anschauung der Dinge entspringt, kann der Director immerhin noch ein ehrenhafter Mensch sein; — denn Klugheit und Ehrenhaftigkeit hängen nicht an einander wie die siamesischen Zwillinge, die man vor einiger Zeit sah. Man kann ein ehrenhafter Mensch, in Geschäftssachen aber doch ein vollständiger Cretin sein. Aber es giebt auch Directoren, die aus Geiz und Schlechtigkeit eine miserable Oekonomie führen und doch andererseits für klug und weise gelten wollen.

Wir kannten und kennen Directoren, die in irgend einem entlegenen Winkel, wohin man nur nach langer, beschwerlicher Reise gelangen kann, ein Theater leiten. Bühnenmitglieder entschließen sich nur schwer dahin zu gehen, und lassen sich überhaupt nur durch die verheißenen hohen Gagen zur Engagements-Annahme bewegen. Nach einem Monate jedoch senden diese Herren Directoren schon Circularschreiben an die Gesellschaft und erklären, daß sie (angeblich) wegen „schlechter Geschäfte" die Gagen auf die Hälfte herabsetzen müssen, und daß Jedem, welcher sich dieser ökonomischen Maßregel nicht fügen will, der Abgang gestattet sei. Welche Folgen hat dieser Kunstgriff? Die besseren Schauspieler gehen ab, die minderen gehen bei Nacht und Nebel durch und der ökonomische Herr Director muß eines schönen Morgens die Bude schließen, weil er kein Personale mehr hat.

Gar häufig kömmt es aber auch vor, daß Directoren, die auf der einen Seite bis zum Exceß ökonomisiren, auf der andern Seite hirnlos verschwenden und auf gewisse Privat-Passionen namhafte Summen hinauswerfen.

Es giebt Directoren, die Alles gethan zu haben glauben, wenn sie auf eine prachtvolle Garderobe, auf schöne Waffen und feenhaft schöne Decorationen große Summen verwenden. Einzelne Garderobestücke werden, wenn man sie auch nicht braucht, dutzendweise angeschafft, dagegen mangelt es an anderen, die man beinahe täglich braucht. Zu jeder Vorstellung muß das Costüme, damit es neu erscheine, geändert werden; — da müssen neue Aermel eingenäht, dort andere Verzierungen aufgeheftet werden, wodurch die Garderobe nur beschädigt wird. Prachtvolle Baretts, glänzende Schwerter, reiche

Ordens-Colanen müssen vorhanden sein; dagegen fehlt es z. B. an römischen Schwertern für die Comparsen, an Tektosagen- und Griechen-Costümen und hundert andern nothwendigen Kleinigkeiten!

Was nützt übrigens eine schöne Garderobe, wenn die Darsteller, denen man eine erbärmliche Gage zahlt, nichts taugen? Was soll der äußere Pomp, wenn man z. B. dem Publikum eine organlose Salondame, eine kreischende, strapezirte Altistin, einen alten Hanswursten von Charakteristiker, eine schielende naive Liebhaberin u. s. w. täglich vorführt? —

Knickereien auf der einen Seite gehen meistens mit sinnloser Verschwendung auf der andern Seite Hand in Hand. Während arme Choristinnen, Tänzerinnen u. s. w. sich der Prostitution in die Arme werfen müssen, um nicht zu verhungern: schwelgen die Herren Directoren und ihre Sippschaften nicht selten in Wohlleben. Der Herr Director befriedigt vollständig seine mitunter cynischen Passionen; die Frau Directorin, gar häufig von einer „Wanderschmiere" abstammend, wo man das Publikum durch Trommelschlag zum Besuche der Vorstellungen einzuladen pflegte, besitzt eine fürstliche Garderobe, dreißig bis vierzig Kleider und Roben aus den kostbarsten Stoffen, alle Gattungen von Schmuck und Bijouterie füllen die Schränke und selbst die liebe weibliche Sippschaft wird glänzend herausstaffirt!

Wir könnten Folianten schreiben, wollten wir das fadenscheinige Sparsystem so vieler Directoren und Theater-Principale nach allen Seiten beleuchten, doch wollen wir unsere Leser nicht ermüden.

Offen und ehrlich gesagt — kannten wir nur einen Director, der eine weise Dekonomie beobachtete. Seine Grundsätze waren sehr einfach. Er bezahlte Leute von Talent, die ihm Nutzen brachten, fürstlich; talentloses Gelichter behielt er aber nicht einmal umsonst. Er verschwendete nichts auf Flitterwerk von ephemerem Werthe; Alles was angeschafft wurde, mußte vielfach zu verwenden sein. Er hielt unendlich mehr auf den Kern, als auf die Schale, und verstand es den ersteren herauszufinden. Es kümmerte ihn wenig, ob er von schlechten Comödianten gehaßt oder geliebt wurde, — er taxirte sie stets richtig. Er begann sein Geschäft als armer Teufel und hinterließ nach 28 Jahren ein Vermögen, das nach Millionen gezählt wurde. Im Leben galt er selbst bei seinen Verwandten für geizig, ja für einen Tyrannen, und doch war er weder das Eine, noch das Andere. Möchten doch viele von unseren Directoren ein ähnliches Sparsystem beobachten!

VII.

Ueber Theaterschulen und was in denselben vorzugsweise gelehrt werden sollte.

Man darf heut' zu Tage nur den nächstbesten „Theater-Almanach," das nächstbeste Theater- oder belletristische Journal zur Hand nehmen, um auf die Ankündigung irgend einer neuen „Theaterschule" zu stoßen.

Die Wichtigkeit und Ersprießlichkeit eines solchen Institutes für die Kunst wurde von den ersten Autoritäten unserer Zeit anerkannt. Die Kunst hat — wir müssen dies anerkennen, — durch einige der jetzt bestehenden Privat-Theaterschulen so manchen Künstler, so manche Künstlerin gewonnen. Leute, welche sich mit der Geschichte des Theaters befassen, werden ohne besonderes Nachdenken wohl ein Dutzend klangvoller Namen zu nennen wissen; uns möge man es erlassen.

Thatsächlich ist es, daß in materieller Beziehung nie so viel für das Theater geschah, als eben jetzt. Die Subventionen, außerordentlichen Zuschüsse, Unterstützungen — und wie alle die Benefizien heißen mögen, die man dem Theater zuwendet — haben in unserer, sonst nur realistischen Tendenzen huldigenden Zeit, eine ungewöhnliche, ja staunenswerthe Höhe erreicht.

Wie kommt es aber, daß trotz aller Kunstschulen, trotz der brillantesten, materiellen Unterstützungen, unsere Theater der Mehrzahl nach das nicht sind, was sie sein sollen, nämlich höhere

Bildungsschulen des Volkes, Institute zur Hebung der öffentlichen Gesittung, zur Verfeinerung und Veredelung der Geschmacksrichtung?

Woher kommt es, daß unsere Theater größtentheils gerade das Gegentheil von dem bewirken, was sie nach dem Vorerwähnten bewirken sollten — daß sie wahre Demoralisations-, Depravations- und Prostitutions-Institute sind, daß gerade das Edle und Erhabene durch sie lächerlich gemacht wird und nur Frivolität des Denkens und Fühlens überhand nimmt?

Diese Fragen sind sehr leicht zu beantworten, denn die Ursachen dieser Calamität liegen ja frei und offen vor den Augen des aufmerksamen Beobachters.

Es fehlt uns an Schulen — wir möchten sogar sagen: an ministeriellen Verfügungen — welche dahin wirken müßten, daß die Directoren, Intendanten und alle Bühnenangehörigen vor Allem honnette, ehrenhafte Leute seien, denen Recht, Sittlichkeit, Wohlanständigkeit und Ehre heilig sind!

In dem schauderhaftesten Mangel an Rechtlichkeitsgefühl, an Moralität, an Ehrenhaftigkeit und Anständigkeit unserer Directoren und Intendanten liegt das Verderben, die Profanation der Kunst, der Keim zum Untergange des Theaters überhaupt.

Vom letzten und untersten Lehrer einer Dorfschule, die ein kärgliches, oft bettelhaftes Auskommen bietet, wird neben Fachkenntniß mit Recht die strengste Moralität, Ehrenhaftigkeit, Achtung vor dem Gesetze und anständiges Verhalten gefordert. Was ist der Staat von Demjenigen zu fordern berechtigt, der, reichlich besoldet, oder an der Spitze eines lucrativen Privatgeschäftes stehend, die schöne Aufgabe hat, ein „Volk" sittlich zu veredeln, Sinn für das Edle und Erhabene zu wecken und zu beleben, irrige Ansichten zu berichtigen, mit einem Worte: seiner Zeit eine edlere, beglückende Richtung zu geben?

Warum sollen Directoren, Intendanten und Bühnenangehörige, im directen Widerspruche zu ihrem erhabenen Berufe, eine Art Privilegium haben, dem Cynismus zu fröhnen, Moralität, Anstand, Ehrenhaftigkeit ganz bei Seite zu setzen? Warum soll und muß denn Jeder, dem Moralität und Anstand heilig ist, diesen Leuten mit einer Art Scheu aus dem Wege gehen, anstatt sie — wie es sein sollte und sein könnte — nur mit Hochachtung und Verehrung anzublicken? —

Der wohldressirte Affe, der die wunderbarsten Kunststücke produ= cirt, erregt im Zuschauer keine andere Bewunderung, als die der Dressur. Man vergißt aber keineswegs den Affen.

Beim Bühnenkünstler, stehe er noch so hoch, kann man den Menschen nicht vergessen. Welche Wirkung macht eine moralische Phrase im Munde eines Lumpen, einer stadtkundigen Phryne auf das Volk? — Tugend, Ehrbarkeit, Anstand und Sitte werden lächer= lich, wenn sie ein meauvais sujet zu verkörpern sucht. Je besser dies einer notorisch demoralisirten Persönlichkeit gelingt, desto schlimmer, desto verderblicher sind die Folgen für das Volk.

Das Volk verliert den Glauben an die Menschheit, an Tugend und Sitte, denn es wird argwöhnisch und mißtrauisch, wenn es sich augenscheinlich überzeugt, daß der verächtlichste Wicht, die un= verschämteste, aller Weiblichkeit Hohn sprechende Phryne, wenigstens zwei Stunden lang alle Tugenden trefflich zu affectiren verstehe.

Der Zuhörer muß sich überzeugt halten, daß Derjenige, der ihn belehren will und soll, auch von der Wahrheit dessen, worüber er salbungsreich perorirt, durchdrungen sei; daß er seiner moralischen Qualification nach, auch das Gute und Edle anerkenne, fühle und achte. Ebenso kann das Böse nur die abschreckende Wirkung auf den Zuhörer hervorbringen, wenn Derjenige, welcher das Böse zu ver= körpern berufen ist, auch tiefen Abscheu vor dem Bösen hegt, und dieser Abscheu ihm die Mittel an die Hand giebt, das Böse von seiner wahrhaft häßlichen Seite zu zeigen.

Unsere Intriguants pflegen sich durch hohle Männchenmacherei, durch eine scheußliche Maske und unnatürliche Gesticulationen durchzu= helfen; begreifen es aber nicht, daß sie nur häßliche Fratzen, durchaus aber kein Seelengemälde zu schaffen vermögen.

Armselige Comödianten möchten so gerne dem Publikum Blasirt= heit und Theilnahmslosigkeit hinaufdisputiren, weil edle Charaktere nicht mehr zündend wirken, und raffinirte Bosheit statt Abscheu nur Gelächter erregt. In der That liegt aber der Grund dieser scheinbaren Blasirtheit in dem Umstande, daß man von der corrupten Moralität des Comödianten überzeugt, demselben das Gute, das wie eine Blasphemie aus seinem Munde klingt, nicht glaubt, und den affectirten Abscheu vor dem Bösen bei einem ohnehin depravirten Subjecte sehr lächerlich findet.

Kläglich, ja erbärmlich, erscheint der Stolz so vieler jämmerlicher Histrionen, die trotz ihrer vernachläſſigten Geistes- und Herzensbildung sich doch für Autoritäten halten und sich wie der Frosch in der Fabel aufblähen. Worauf sind solche Wichte eigentlich stolz? Ewig doch nur auf die schönen, erhebenden Gedanken, die ihnen irgend ein geistreicher Mann in den Mund legt, und die sie wie abgerichtete Papageien geistlos nachschwatzen! Arme Teufel, ihr lebt in einer argen Selbsttäuschung; so viel ihr euch auch abmühen mögt — Niemand findet Wahrheit in euren Grimassen und Capriolen! Ihr vermöget Niemanden zu erwärmen, eure schönen Worte verhallen, weil — weil — ihr im Leben nicht geachtet werdet, weil euer Charakter bemakelt, eure Moralität corrupt ist!

Es giebt hie und da Anstalten, über deren Duldung sich Rechtsgelehrte und Moralisten seit fünfzig Jahren herumstreiten, die aus Rücksichten für die öffentliche Sittlichkeit nicht füglich vertheidiget werden können, und die man in keiner ehrbaren Gesellschaft nennen darf. Viele unserer Theater sind — beim Lichte betrachtet — nichts weiter, als solche Anstalten. Erstere erhalten sich aus eigenen Mitteln; unsere Theater jedoch, die das Nämliche, nur in anderer, gefährlicherer Form leisten, werden noch von Stadtgemeinden, Landständen, ja bisweilen aus Staatskaſſen subventionirt!

Das Lexicon menschlicher Laster und Thorheiten hat keine einzige Species aufzuweisen, die nicht von Directoren, Intendanten und Theaterangehörigen cultivirt würde. Von solchen Leuten soll das Volk belehrt und sittlich erhoben werden, an solchen Leuten soll es sich erbauen! —

Das Schlechte beim Theater kömmt gewöhnlich von Oben herab. Betrachten wir zuerst die Herren Directoren und Intendanten, und erwägen wir, auf welche Weise so viele unter ihnen auf ihre wichtigen Posten gelangt sind.

Der alternde Comödiant, der um ein Engagement verlegen zu werden beginnt, bewirbt sich um eine Direction und gelangt zu derselben, wenn er auch, wie dies meistens der Fall ist, kein Vermögen besitzt — durch Schwindelei, Betrug und Schlechtigkeit. Nicht selten heirathet er die abandonirte Maitresse irgend eines hohen Herrn oder eines Geld=Aristokraten; mitunter verhilft ihm ein Kammermädchen, eine Friseurin oder sonstige Persönlichkeit von zweideutigem Rufe zu seinem Posten.

Womit Ehrlosigkeit, Nichtswürdigkeit und Verleugnung jedes besseren Gefühls begonnen wird, dort wird das Geschäft auch in diesem Sinne fortgeführt. „Wo Aas liegt, dort sammeln sich die Raaben;" — „Wie der Hauptmann — so die Bande!"

Ist irgendwo ein protegirter Flachkopf vorhanden, der zu nichts in der Welt taugt, und dem man zum Lohne dafür, daß er etwa ein Jahrzehnt der tribunus voluptatum seines hohen Herrn war, eine Sinecur verleihen will: so macht man ihn zum Intendanten. Wie häufig diese Fälle vorgekommen sind, darüber können Schriftsteller des Auslandes, die für das Theater wirken, genügende Auskunft geben. Aber auch Stände und sonstige Corporationen betrauen mit diesem Amte meistens nur den Dümmsten, Unbrauchbarsten aus ihrer Mitte. Der alte Sünder erstreckt seine Thätigkeit darauf, den ganzen Abend auf der Bühne zuzubringen, frivole Witze zu reißen und Dämchen von zweideutigem Rufe zu protegiren. Wer seine Stellung behaupten oder vorwärts kommen will, muß in der Gunst dieses alten Cynikers stehen.

Unter welchen Umständen betritt eine große Anzahl der Theaterangehörigen ihre Laufbahn? — Widmen wir auch diesem einige Betrachtung.

Es gab eine Zeit, in welcher nur verdorbene Studenten, liederliche Söhne reicher Leute u. s. w. sich zum Theater flüchteten. Diese Leute hatten denn doch wenigstens einige Schul- und Lebensbildung, und wußten, was den Menschen zum Menschen macht, wenn sie auch von ihrem Wissen einen schlechten oder gar keinen

Gebrauch machten. Jetzt finden wir schon Barbiere, Friseure, Schneidergesellen, weggejagte Ladenschwengel und sonstiges Gelichter von höchst zweideutigem Rufe fast an jeder Bühne. Wie es mit der Bildung und dem Wissen solcher Leute stehe, ist leicht zu errathen.

Von den sogenannten "Theaterkindern" beiderlei Geschlechtes, wollen wir hier nicht viel sprechen. Alle Welt weiß es, welche Grundsätze dieselben schon mit der Muttermilch einsaugen, welche Begriffe von Ordnung sie bei einem unsteten Zigeunerleben bekommen, wie wenig sie lernen und wozu dieselben von ihren p. t. Eltern oft schon im zartesten Alter verwendet werden. Wir haben zehn- und zwölfjährige Mädchen gekannt, deren Wissen in mancher Beziehung weit über das Wissen einer sogenannten spießbürgerlichen "Dreißigerin" hinausreichte, und die mit allen Kniffen und Nichtswürdigkeiten vertraut waren. Sie widmeten sich natürlich alle der Kunst und "veredeln" nun das Volk.

Wie häufig kommen die Fälle vor, in welchen Geldaristokraten ihre Maitressen, wenn sie ihrer überdrüssig geworden sind, dadurch zu pensioniren gedenken, daß sie dieselben dem Theater widmen. Das Dämchen nimmt Unterricht bei irgend einer alten Comödiantin, studirt einige Paraderollen mühsam ein und die "Künstlerin" ist fertig. An einem Engagement fehlt es auch nicht; die Herren Directoren zahlen einem solchen Dämchen nur geringe oder gar keine Gage, und das ist eine Hauptsache für solche Herren. Die Vertreterinnen der Demimonde sind bei vielen Theatern höchst willkommen, wenn sie nur hübsch sind und einen gewissen Theil des Publikums ins Theater ziehen.*) Die Toiletten müssen stets gewählt sein; je auffallender, desto besser. Woher sollen aber diese kommen? Unwillkürlich fällt uns da ein Director (!!) ein, der sich in

---

*) Anläßlich einer gefällsämtlichen Untersuchung wurde bei einem sehr renommirten Residenztheater, dessen Leiter als große administrative Talente und Biedermänner gelten, constatirt, daß mehrere Damen gar keine Gage beziehen und überhaupt nur deshalb dem Theater angehören, um sich der Polizei gegenüber über ihren Aufenthalt in der Residenz rechtfertigen zu können.

kleinen ungarischen Städten herumtrieb und seine jungen Schauspiele=
rinnen, wenn sie um die Gage kamen, mit den Worten abzukanzeln
pflegte: „Wozu soll ich Ihnen Geld geben? Liegen nicht
Husaren im Orte?" Derlei Grundsätze hegen heut zu Tage leider
noch viele Directoren und darum findet das verrufenste Gesindel
bei der Bühne so leicht ein Asyl.

Führt auch zuweilen der Zufall ein honnettes, unbescholtenes
Wesen in Thaliens Hallen, so wird der „weiße Rabe" nicht lange
geduldet. Da werden alle Künste der Verführung und Verleumdung
angewendet, bis die Neuangekommene auf gleicher Stufe der Ver=
worfenheit mit dem übrigen Gelichter steht, oder noch tiefer sinkt.
Sollen wir etwa Beispiele anführen?

Beklagenswerth ist es, daß in der Regel die Herren Directoren
selbst ihrer Gesellschaft mit schlechtem Beispiele vorangehen. Einige
leben öffentlich in schlechter Ehe, andere affectiren häusliches
Glück, schwärmen scheinbar für ihre Frauen und spielen in dieser
Beziehung auch Comödie. Zufällig weiß aber die Welt, daß die Frau
Directorin auf irgend einen vertrockneten Aristokraten keinen Spott
legt und einen langen Liebhaber ihrer Gesellschaft protegirt. Der Herr
Director — auch das weiß die Welt — hält sich für einen Pascha
und interessirt sich bald für eine Sängerin, bald für eine Tänzerin.
Letztere haben für manche Herren Directoren einen ganz besonderen und
desto höheren Werth, je bemakelter ihr Vorleben war.

Wir könnten diese Betrachtungen noch unendlich weit ausdehnen
und eine Menge haarsträubender Daten anführen, doch wollen wir
lieber abbrechen und den Schleier nicht lüften, der gewisse obscöne
Geheimnisse deckt. Wir achten zu sehr das sittliche Gefühl unserer
Leser und besorgen, daß die Druckerschwärze schamroth werden könnte,
wenn wir Dinge hier enthüllen wollten, die unsere Theater im übel=
sten Lichte zeigen.

Wenn also — um auf unser früheres Thema zurückzukommen —
schon Theaterschulen bestehen sollen: so lehre man in denselben
zuvörderst die Zöglinge „unter allen Umständen honnette,
achtbare und gesittete Menschen zu bleiben." Freilich thäte
auch eine Bildungsschule für Directoren Noth, doch an die

Errichtung einer solchen ist wohl nicht zu denken; für Letztere müssen die Behörden eine strenge Vormundschaft übernehmen und sie zu honnetten Leuten heranbilden.

Eine dreißigjährige Erfahrung bringt uns, und Jedem, der mit unseren Theater-Verhältnissen vertraut ist, die Ueberzeugung auf, daß unsere Theater, namentlich in sittlicher Beziehung, im Argen liegen. So lange nicht von Seiten der Polizei und der Ministerien mit eiserner Strenge darauf gesehen wird, daß die Leiter und die Angehörigen eines so wichtigen Volksbildungs-Institutes, wie das Theater, nur aus honnetten, gesitteten und ehrenhaften Menschen bestehen müssen: so lange ist kein Heil zu hoffen, wohl aber viel Unheil für das Volk zu fürchten! Man erlasse strenge Gesetze und überwache die genaue Befolgung derselben. Wird denselben heimlich oder öffentlich nicht Folge geleistet, nun so greife man zur nothwendigen Ecrasirung des Uebels — man schließe diese privilegirten, mitunter sogar subventionirten — Buben; sollten auch fünf Sechstel dieser Augiasställe in Woll- und Leder-Magazine umgewandelt werden, so würde man der gesitteten Menschheit immer noch einen wichtigeren Dienst erweisen, als durch die Duldung solcher Prostitutionskneipen! —

VIII.

Das Mädchen vom Ballet.*)

1. Zu Hause.

Blumen wachsen auf dem Mistbeet;
Will Euch eine solche zeigen,
Doch Ihr müßt mit mir fünf Treppen
Dort in jenem Hause steigen.

---

*) Wir entnehmen dieses treffende Gedicht der „Hamburger Theater-Chronik" Nr. 10, vom 8. März 1862.

Ungekämmte Kinderköpfe
Sieht man in den Winkeln stecken,
Und die Armuth lugt hohläugig
Ringsherum aus allen Ecken.

Halbzeriss'ne Lumpen liegen
Liederlich auf Stuhl und Betten,
Schmutz anklebt den Kochgeschirren,
Wurmstich, Staub, den Holzgeräthen.

Und ein Mädchen, vierzehn Jahr' kaum
Seht Ihr schmerzbewegt hier weinen;
Wär' ihr Kleidchen nett und reinlich,
Würde sie recht hübsch erscheinen.

Weiß und zart sind ihre Glieder
Und ihr Auge hell und frisch. —
Schwer betrunken ist ihr Vater,
Fluchend schlägt er auf den Tisch:

„Glaubt ihr, daß bei so viel Rangen
Immer Geld vorhanden ist? —
In den Dienst soll nun die Aelt'ste,
Die das Gnadenbrot hier frißt! —"

„Schweig' und polt're nicht, du Alter!
's Mädel ist ja rund und nett —"
Zankt sein Eh'weib — „hab' gesorgt schon,
Morgen geht sie zum Ballet."

2. Auf der Bühne.

Seht die gaukelnden Sylphiden!
Wie sie hold im Tanz sich schwingen,
Leicht hinflatternd, wie geflügelt
Gleich den bunten Schmetterlingen.

Rosenkränze in den Locken,
Glanz im Auge, in dem freud'gen,
Wie von Wölkchen nur umflossen
Von den luftig weißen Kleidchen.

Und die Schönste in dem Chore,
O wie reizend ist die Süße!
Jugendfrische hebt den Busen
Und die leichten Zephyrfüße.

Sie die Perle in dem Reigen,
Anmuth ist sie ganz und Leben,
Und man sieht wie einen Engel
Lieblich sie im Tanze schweben.

3. Im Cabinet des Wüstlings.

Lasse die Becher erklingen
Mädchen, o komm an die Brust!
Glühender blüht bei dem Weine
Liebe in rosiger Lust.

Laß ein Liedchen uns singen
Alle Sorgen vergeh'n
Unter Scherzen und Küssen;
Liebchen, du bist ja so schön!

Güld'ne Dukaten erklingen,
Tändelnd unter Gekos
Streu' ich, du Holde, mit Lächeln
Reichlich sie dir in den Schoos.

Lasse die Träume sich schwingen
Um uns bei perlendem Wein,
Auf den schwellenden Kissen
Schlummern dann selig wir ein.

4. Im Hospital.

(Zehn Jahre später).

Matt und krank liegt eine Dirne
Bleich — als stieg sie aus der Gruft —
Auf dem Bett in öder Zelle;
Und verpestet ist die Luft.

Es ist eine Incurable;
Niemand ist, der sie bewahre,
Jetzt ihr nahe, als Erinn'rung
An zu schnell verlebte Jahre.

Und der Arzt — er zuckt die Achseln —
Ist er bei ihr gegenwärtig,
Und erleichtert ist das Herz ihm,
Wenn mit dem Geschäft er fertig.

Krankheit ist ein schweres Uebel
Wohl für Jeden, der es duldet,
Aber doppelt schrecklich ist sie,
Wenn man selber sie verschuldet!

5. Im Grabe.

Eine wilde Rose neigt sich
Von dem Nachbarhügel ab,
Wie im still=wehmüth'gen Mitleid
Auf ein ödes, flaches Grab.

Wer wohl ruht hier? Niemand weiß es.
Einer doch besinnt sich? „Wart'!
Eine Dirne vom Spitale
Hat man jüngst hier eingescharrt. —

Nimmer war sie Hausfrau, Mutter,
Stand an keines Kindes Wiege,
Nie hat liebend sie geblickt in
Eines theuren Gatten Züge.

Einsam ruht sie und vergessen
Auf des Kirchhofs hartem Grund,
Und an ihrem Grabe heulet
Nicht einmal ein treuer Hund.

Und die wilde Rose flüstert
Leis' in ihrer Sprache: „Wissen
Mögt Ihr: meiner Schwester Blüthe
Ward vergiftet und zerrissen".

IX.

Reform=Ideen.

Dem Himmel sei Dank — man ist selbst in höheren, maßgebenden Kreisen endlich zu der Ueberzeugung gelangt, daß eine radicale Reorganisirung des Bühnenwesens zur unabweislichen Nothwendigkeit geworden, und daß namentlich die kleineren und Provinztheater, wie sie jetzt bestehen, nach hundert Richtungen hin, nur unberechenbares Unheil stiften, anstatt das Volk zu veredeln und sittlich zu erheben!

Jedem, der das Provinztheaterwesen und das Treiben der ambulanten Theatergesellschaften in den letzten 30 Jahren eines aufmerksamen Blickes würdigte und die von diesen Instituten pestartig ausgehende sittliche Corruption und Depravation wahrnehmen mußte, drängten sich einige Fragen auf, die wir hier nur mit einer Art Scheu aussprechen, weil sie das sittliche Gefühl des Lesers unangenehm berühren.

Um jedoch wahr und gründlich zu Werke zu gehen, müssen wir diese Fragen anführen, und bitten unsere Leser den Umstand als Entschuldigung dienen zu lassen, daß Arzt und Publicist das Loos theilen, Alles angreifen zu müssen, wenn es noch so ekelhaft ist.

Diese kitzlichen Fragen lauten ungefähr folgendermaßen:

I. Wie kommt es, daß man in unserem gesitteten Vaterlande

gewisse Prostitutions-Institute, wie sie noch in einigen großen Städten Europas zu finden sind, aus Achtung vor der öffentlichen Gesittung nie duldete, dagegen aber manche Provinzial- und kleineren Theater, welche das Nämliche, nur noch **unverschämter und auf eine sanitätsgefährlichere*) Weise leisten, unangefochten** wirken ließ?

II. Sind jene Prostitutions-Institute, deren projectirter Einführung sich ein großer Monarch so energisch widersetzte, und die vom Standpunkte der Moral nie zugegeben werden kann, nicht wenigstens in einer Beziehung **unschädlicher, als unsere verrufenen Kunstbuden, in welchen die zügelloseste Unsittlichkeit vorherrscht, und keine sanitätspolizeiliche Maßregelung eintritt?**

Diese und ähnliche Fragen mußten endlich — nachdem man darüber ins Klare gekommen war, daß unsere kleineren Bühnen **nicht zur Veredelung des Volkes beitragen** — auch in höheren Kreisen besprochen werden, und dienten gar häufig als motivirender Commentar zu gewissen energischen Befehlen, welche namentlich in **Garnisonsstädten zweiten und dritten Ranges** von den obersten militärischen Würdenträgern erlassen werden mußten, um die **Sanitätsverhältnisse der jüngeren Martis-Söhne** beruhigender zu gestalten, wie nicht minder der leichtsinnigen **Schuldenmacherei und Verschwendung** ein Ziel zu setzen.

Sollen wir etwa nachweisen, wie viele hoffnungsvolle junge Leute, deren Ausbildung dem Staate große Summen kostete, Hab' und Gut vergeudeten, wegen nichtswürdiger Theater-Phrynen unbezahlbare Schulden contrahirten und am Ende die ehrenvolle Dienstlaufbahn verlassen mußten?

---

*) Jene Prostitutions-Institute werden von den Sicherheitsbehörden so gemaßregelt, daß wenigstens in **Sanitätsrücksichten** nichts zu fürchten ist; eine ähnliche Maßregelung ist aber bei unseren durch und durch demoralisirten kleineren Provinztheatern und ambulanten Truppen nicht gebräuchlich. Das Uebel verbreitet sich ohne Einschränkung und verpestet moralisch und physisch ganze Familien.

Sollen wir ferner aufzählen, wie viele Civilisten aus guten Häusern nichtswürdigen Theaterdirnen ein ganzes Vermögen opferten? Sollen wir in den Archiven unserer Criminalbehörden nachforschen und die Namen jener Unglücklichen nennen, die durch den Umgang mit Theaterdirnen zu Verbrechen verleitet wurden und jetzt schwer büßen? Alle Welt kennt diese Fälle, alle Welt spricht mit Entrüstung davon!

Man glaube ja nicht, daß wir jenen verpönten Prostitutions-Instituten das Wort reden wollen, wenn wir aus innerster Ueberzeugung behaupten, daß dieselben seit jeher weniger Unheil und allgemeine Entsittlichung hervorriefen, als viele unserer kleineren und ambulanten Bühnen jetzt noch hervorrufen.

Wir haben in dem vorausgeschickten Cyclus von Schilderungen nachgewiesen, und unsere Polizeibehörden, wenn sie anders wahr und ehrlich sprechen wollen, müssen es bestätigen, daß die Demoralisation, Depravation und Prostitution in keiner Schichte der bürgerlichen Gesellschaft so tiefe Wurzeln geschlagen, daß sie in keiner so üppig wuchert, als eben beim Theater, und daß sich Unsittlichkeit und Verderbtheit miasmatisch und pestartig gerade von einem Institute verbreitete, das nach den Intentionen der Regierung das Volk nicht blos vergnügen, sondern sittlich erheben und veredeln sollte! —

Die Ursachen dieses Uebelstandes liegen selbst für den Uneingeweihten so ziemlich auf der Hand. Die kleineren, oder sogenannten „Saison-Theater," welche kein ganzjähriges Engagement bieten können, zügeln und hegen das theatralische Proletariat, und dieses halbgebildete, an ein ungebundenes, vagabundirendes und frivoles Leben gewöhnte Proletariat ist das gefährlichste, da es zu jeder Unsittlichkeit und zu der raffinirtesten Gaunerei geneigt ist.

Letzteres erscheint um so begreiflicher, als Leute, deren Existenz nur für kurze Zeit gesichert ist, kein Mittel zu schlecht finden, wenn es Erwerb gilt. Die kleineren oder Saison-Theater sind daher die Pflanzstätten des gefährlichsten Proletariats und sollten so wie die ambulanten Gesellschaften abgestellt werden. Man wird uns vielleicht den wohlbegründeten Einwurf machen, daß die Demoralisatoin bei ganzjährigen großen Stadttheatern auch in üppiger Blüthe stehen. Ganz richtig; doch da geht die Calamität aus der Nichtswürdigkeit,

Schmutzigkeit und Ehrvergessenheit der Directoren hervor, die man mit Strenge überwachen und exemplarisch bestrafen sollte.

Wir haben in den vorausgegangenen Rhapsodien das Thun und Treiben der Directoren nach verschiedenen Richtungen hin beleuchtet, und werden später noch auf diese gestrengen Herren zurückkommen.

Wie wir seit einiger Zeit in verschiedenen Journalen mit lebhaftem Vergnügen lesen, sollen die hohen Ministerien nunmehr ernstlich gewillt sein, den vielfachen Uebelständen des Bühnenwesens ein Ziel zu setzen und namentlich auf die Ecrasirung des theatralischen Proletariats mit Energie einzuwirken. Wie es heißt, wurde

1) die **Commassirung**, d. h. die Vereinigung mehrerer kleinerer Bühnen unter einer Direction oder Leitung,
2) die **Aufhebung der Theaterpächter**,
3) die **Verpflichtung der Stadt-Communenstände, Corporationen** ꝛc. zu einer angemessenen Subventionirung der Bühnen, und
4) die **Einführung administrativer Controllen**

in den Kreis jener Maßregeln gezogen, die man zu ergreifen beabsichtigt, um die vorherrschenden Uebelstände zu beseitigen.

Was die Commassirung der kleineren Bühnen anbelangt, so ist diese Maßregel, die wir längst in Vorschlag brachten, eben so zweckmäßig, als leicht ausführbar. Nur müßte diese Commassirung nicht etwa in der Art getroffen werden, daß 3—4 Bühnen unter einen Director zu stehen kämen, was jedenfalls vom Uebel wäre. Mehr als zwei Bühnen dürften nicht unter einem Director stehen, und es müßte die Einleitung so getroffen werden, daß jeder dieser Directoren ein Winter- und ein Sommertheater zu leiten hätte, so zwar, daß er nach Beendigung der einen Saison die andere ohne Interwall eröffnen könnte. Hierdurch wären die ganzjährigen Engagements für die Bühnen-Mitglieder gesichert.

Da erfahrungsgemäß der unbedeutendste Interwall die auf ihre Gagen angewiesenen Bühnen-Mitglieder in Noth und Elend setzt, so müßte der Director verpflichtet sein, die Wintersaison so lange über Ostern hinauszudehnen, bis der Zeitpunkt zur Eröffnung der Sommersaison eintritt.

Belangend die Theaterpachte — so wurde vielfach nachgewiesen, daß dieselben zu den sinnlosesten Unzukömmlichkeiten gehören, die je kleinstädtischer Krämer= und Spießbürgersinn zu erfinden vermochte. Ist eine Commune so mittellos, daß sie das Theater, welches doch eine "Bildungsanstalt" sein soll, als Pachtregale und Erwerbsquelle betrachten muß, sohin dasselbe auf ein Niveau mit einem Brauhause oder einer Schnapsbude stellt: — so braucht sie kein Theater, und wird besser daran thun, Brauhäuser und Schnaps=buden zu errichten, von denen eine Pachtzahlung kein Unsinn ist. Zu wundern ist es übrigens, daß derlei kleinstädtische Würdenträger aus der Schneider= und Gerberwerkstätte noch nicht auf die Idee verfielen, vom Schullehrer, der ihre lieben Rangen erst zu "Menschen" machen muß, einen Pachtzins zu begehren!

Die Subventionen im Allgemeinen, sind in der jetzigen Zeit, in welcher die Theuerung aller Lebensbedürfnisse eine fabelhafte Höhe erreichte, und die Ansprüche, die man an das Theater stellt, schon zuweilen ans Absurde streifen, unerläßlich nothwendig.

In den nächsten zehn Jahren — es wurde dies vielfach nachgewiesen — werden sich selbst die bedeutendsten Stadttheater nicht zu erhalten vermögen, wenn ihnen nicht eine entsprechende Subvention zugewendet wird.

Jede Provinzialstadt, die ein ganzjähriges oder auch nur ein Saisontheater haben will, müßte sich erklären, welche Subvention sie zu leisten vermag. Ist eine Commune nicht in der Lage, eine Subvention zu leisten, dann mag sie auf den Ruhm, ein Theater zu besitzen, verzichten. Aber selbst jene Communen, die eine Subvention zu leisten im Stande sind, und diese vor Beginn einer jeden Saison bei einer Behörde deponiren müßten, dürften nicht berechtigt sein, für diese Subvention etwa unbillige und widersinnige Anforderungen an den Director zu stellen, sondern es müßte höheren Autoritäten anheimgestellt bleiben, dem Director nach reiflicher Erwägung aller Umstände und Local=Verhältnisse die Art und Quantität seiner Leistungen vorzuzeichnen und durch einen Contract sicherzustellen.

Von höchster Wichtigkeit und von den ersprießlichsten Folgen für unser Bühnenwesen wäre eine wohlgeordnete administrative Controlle. In Frankreich besteht dieselbe längst und die Theater befinden sich wohl dabei; wenigstens sind die schmählichen Theater-Bankerotte seltener, als in dem lieben deutschen Vaterlande.

Der französische Minister des Innern empfängt alljährig die genauesten statistischen Uebersichten des Personals und Repertoirs sämmtlicher Bühnen, selbst der verborgensten, und alle drei Monate einen ausführlichen Bericht über die Geschäftsführung ihrer Vorstände. (Reglement vom 19. August 1814, Artikel 11; — Ordonnanz vom 8. December 1824, Artikel 7).

Wie pedantisch doch diese sonst so leichtsinnigen Franzosen sind, wie geknechtet ihre vielgerühmte Freiheit, bei Licht betrachtet, sich ausnimmt! Dagegen im lieben Deutschland, welche ungehemmte Bewegung im Bühnenhaushalte, welche individuelle Entwickelung zur universellen Theater-Anarchie!

Ja wahrlich, eine gute administrative Controlle wäre ein wichtiges Rettungsmittel für unsere größtentheils dem Untergange geweihten Bühnen! Lassen sie uns zu erörtern versuchen, verehrter Leser, wie diese administrative Controlle aussehen und wie weit sich ihr Wirkungskreis erstrecken müßte.

Vor Allem, so glauben wir, müßte im Ministerium des Innern eine eigene Section errichtet werden, von welcher die Leitung des ganzen Bühnenwesens auszugehen hätte.

Vorstand und Arbeitskräfte dieser Section dürften nicht aus vertrockneten Kanzlei-Menschen und Paragraphen-Reitern bestehen, welche Welt und Theater nur vom Arbeitstische aus beurtheilen und das Theater nicht näher, als vom Parterre aus kennen gelernt haben, sondern aus Leuten, die als Schriftsteller, Journalisten u. s. w. sich jahrelang in der Theaterwelt umgesehen und die Misere genau kennen gelernt haben. Derlei Leute findet man freilich nicht in Kanzleien, aber man findet sie anderswo, wenn man nur den redlichen Willen hat sie zu suchen und ehrlich genug ist, keine Protection walten zu lassen.

Leute, die allenfalls ein Paar Comödien schrieben, oder unter deren Firma einige dramatische Arbeiten im Wege der Protection über die Bretter einer Hofbühne gingen, literarische Judenjungen, die ihre theaterkritischen Mauscheleien als Handelsartikel betrachteten und mit denselben von einer Redaction zur andern hausiren gingen, moderne Taschenbuch-Literaten und Novellisten, wären freilich nicht die Leute, die man in ein Theater-Administrationsbureau setzen könnte, sondern man müßte nach Praktikern greifen. Man müßte Leute suchen, die ein halbes Leben mit Vorliebe ihre Studien dem Theaterwesen gewidmet haben, und die den Muth besäßen, selbst Machthabern und Theater-Despoten die Wahrheit zu sagen, wenn dies auch für die Ersteren große Nachtheile brächte. Man suche die Leute, und man wird sie finden, wenn man ehrlich und vorurtheilsfrei zu Werke gehen will!

Selbstverständlich müßten von der vorerwähnten Ministerial-Section alle Concessions-Verleihungen, Ernennungen der Theaterdirectoren u. s. w. ausgehen; doch darüber wollen wir später sprechen, bis wir die Herren Directoren in nähere Betrachtung ziehen. Der Ordnung wegen wollen wir nur hier angeben, auf welche Weise die wichtigsten Geschäfte in Beziehung auf die statistische Uebersicht des Bühnenwesens gehandhabt und welche Behelfe dieser Section zu Gebote stehen müßten.

Aehnlich wie in Frankreich müßten dem Ministerium von den Landesstellen in bestimmten Terminen überreicht werden:

a) Eine genaue statistische Uebersicht aller bestehenden Theater mit Angabe des Personals und Repertoirs;

b) Ausweise über das Brutto-Erträgniß einzelner Bühnen und über die Gagen-Etats, wie nicht minder über die muthmaßlichen stabilen Ausgaben, Regiekosten u. s. w.

c) Berichte über die Geschäftsführung der Bühnenleiter und ihrer Conduite.

Der Chef dieser Ministerial-Section müßte alljährig einmal eine Visitationsreise an alle Bühnen unternehmen und sich von der Handhabung oder Interpretirung der bestehenden und sanctionirten Theater-Vorschriften überzeugen.

In der Metropole der Monarchie müßte unter verantwortlicher Redaction eines befähigten und erfahrenen Mannes ein eigenes „Theater-Journal" gegründet werden, welches in bestimmten Zeiträumen Berichte über die Leistungen sämmtlicher Provinzialbühnen zu bringen und alle theatralischen Interessen zu besprechen hätte. In diesem Journale müßte auch dem Geschäftsverkehre der concessionirten öffentlichen Theater-Agenten der nöthige Raum unentgeltlich gegönnt, dagegen aber dieselben verpflichtet sein, alle durch sie bewirkten Engagements, Gastspiele, verkauften Bühnen-Novitäten u. s. w. der Redaction unverweilt zur Veröffentlichung anzuzeigen. Das Journal hätte ferner alle in Theater-Angelegenheiten erfließenden Gesetze und Verordnungen vollinhaltlich zu veröffentlichen und als officielles Organ für die Bühnenwelt zu gelten. Hierdurch würde aller Unfug, der jetzt durch die sogenannten „Agentenblätter" entsteht, nach und nach ganz beseitigt werden.

In allen jenen Städten, welche ein Saison- oder ganzjähriges Theater haben, müßte ein befähigter Mann aufgestellt sein, welcher die Verpflichtung auf sich hätte, die Berichte über die Bühnenleistungen streng und wahr abgefaßt, in bestimmten Zeiträumen an die Redaction des Theater-Journals zu senden, und alle Unzukömmlichkeiten, welche auf das Gedeihen der Vorstellungen nachtheiligen Einfluß üben, schonungslos zu rügen. Als Mann von Bildung und in vollständiger Kenntniß der Localverhältnisse, wäre derselbe auch mit der Revision der Behufs der Aufführungsbewilligung vorzulegenden Bühnenwerke zu betrauen und hätte periodisch ein Verzeichniß jener Stücke, die er zur Aufführung zuließ, der Landesstelle zu überreichen. Für den Fall, als er ein Stück unzulässig erkennen sollte, dürfte die Bühnendirection an die Landesstelle recurriren.

Uebrigens sollten Verzeichnisse jener Stücke, die in der Metropole als unzulässig erkannt wurden, in die Provinz an die bezüglichen Behörden gesendet werden, damit die komischen Fälle unterbleiben, daß Stücke, die in der Metropole verpönt sind, in der Provinz ohne Anstand gegeben werden. Diese Prohibiten-Verzeichnisse hätten aber auch einen kurzen Inhalt des prohibirten Stückes und die Motive des Verbotes zu enthalten, da speculative Directoren und Agenten nicht selten neue Titel fabriciren und so die Behörden zu täuschen suchen. Die Kosten, welche dem Staate durch die Einführung dieser „administrativen Theater-Controlle" erwachsen würden, dürften sich nicht hoch belaufen und könnten durch eine kleine Abgabe der

Theaterdirectoren, durch Taxen bei Concessions- und Directions-Verleihungen u. s. w. wenigstens zum Theile eingebracht werden. Da übrigens das Theater von der Regierung nicht blos als eine „Vergnügungs-", sondern auch als eine „Volksbildungs-Anstalt" betrachtet wird — was es bei zweckmäßiger Leitung und Ueberwachung auch sein könnte: so dürfte die Auslage für die bezügliche „administrative Controlle" nicht zu den überflüssigen Auslagen gezählt werden.

Die erste und wichtigste Aufgabe dieser „administrativen Controlle" wäre nicht blos die Ueberwachung der Theater, sondern die sorgsame Verhütung der Uebelstände. Diese ließe sich aber am verläßlichsten dadurch erreichen, wenn man sich den Mann erst recht genau besehen würde, den man mit der Leitung eines Theaters betraut.

Wir wollen uns kurz fassen, und das Kind beim rechten Namen nennen: Die Art und Weise, wie heut' zu Tage Leute zur Direction eines Theaters kommen, bietet gar keine Garantien für die Brauchbarkeit eines Directors. Man geht entweder auffallend partheiisch oder ebenso sorglos zu Werke.

In dem Umstande, daß Communen, ständische Corporationen u. s. w. sich für ihr Theater den Director selbst wählen können, liegt ein wesentlicher Grund der Demoralisation, des Herabkommens unserer Bühnen. Freilich muß der neuerwählte Director von der Landesstelle bestätiget werden und Letztere könnte Einsprache erheben, doch geschieht dies nie, eben weil man die Sache als unerheblich betrachtet, und weil man Denjenigen, die Theater zu verleihen haben, zu viel Zutrauen schenkt.

Communen sowohl als ständische Corporationen kümmern sich gar häufig nicht um das Vorleben, um den Ruf, in welchem ein Director steht, oder um dessen geistige Qualification. Versteht der Candidat zu schwadroniren, prunkt er mit schöner Garderobe, verspricht er goldene Berge, kann er die Caution erlegen und weiset er sich etwa gar mit ein Paar Zeugnissen aus, die er irgend einem kleinstädtischen Bürgermeister anständig bezahlte: so wird er erwählt. Wenn man auch später einsieht, daß man sich arg düpiren ließ, so reben sich die Herren Communal-Vorstände und landst. Intendanten u. s. w. darauf aus, daß ihnen nicht die Mittel zu Gebote stehen, die nöthigen verläßlichen Erkundigungen einzuziehen.

Diesem Ur-Uebel ließe sich sehr leicht begegnen; man dürfte nur den Communen, ständischen Corporationen u. s. w. das Recht entziehen, sich den Director für ihre Bühne selbst zu wählen.

Hat der Staat das Recht, ja die moralische Verpflichtung, die Vorsteher öffentlicher Bildungs-Institute zu ernennen: so muß ihm auch das Recht zustehen, den Leiter eines Theaters zu designiren, wenn anders das Theater als wichtiger Hebel der Volksbildung und öffentlichen Gesittung zu betrachten ist. Mit einem Worte: Die Ernennung der Theaterdirectoren sollte dem Ministerium zustehen, dem die Mittel geboten sind, die Qualitäten eines Directions-Candidaten nach allen Richtungen hin zu erforschen und zu erproben.

Braucht irgend eine Commune, eine ständ. Corporation u. s. w. für ihre Bühne einen Leiter, so wende sie sich an das Ministerium und Letzteres wird den geeigneten Mann dahin senden. Thut dieser seine Pflicht nicht, so wird die „administrative Controlle" die diesfällige Beschwerde einer genauen Untersuchung unterziehen und nach Umständen binnen 3 Monaten einen andern Director designiren. Andererseits aber wird eben diese „administative Controlle" auch Sorge tragen, daß der Director in seinen Rechten nicht verkürzt und nicht mit unbilligen Anforderungen spießbürgerlicher Tonangeber molestirt werde.

Die Communen, landst. Corporationen — ja selbst das Publikum — sie alle wären durch eine zweckmäßige Handhabung der „administrativen Controlle" im Vortheile. Jeder Director würde gewiß das Aeußerste leisten, würde auf Ordnung und Sitte sehen, und da das Damoklesschwert stets über seinem Haupte schwebte, sich vor Arroganz, Dünkel, unehrenhaften Streichen und Uebergriffen hüten. Einmal von der Direction wegen Unfähigkeit, pflichtwidrigen Benehmens oder wegen Bankrotts u. s. w. entfernt, dürfte derselbe nicht hoffen, je mehr an die Spitze eines Theaters gestellt zu werden. Diese Besorgniß allein würde so manchen unserer aufgeblasenen Directoren zur Bescheidenheit, Ordnung und einer gewissenhaften Pflichterfüllung bestimmen. Und dies ist es, was unseren Theatern am meisten Noth thut.

Jedenfalls würde die „administrative Controlle" den theatralischen Bankrotteuren bald das Handwerk legen, was jetzt leider nicht geschieht. In dieser Beziehung können wir vorsichtigen pedantischen Deutschen wieder Etwas von dem leichtsinnigen Franzosen lernen. In Frankreich erhält ein Schauspiel=Uebernehmer, der einmal Bankrott machte, niemals wieder eine Concession.*) In unserem lieben Vaterlande sind bankbrüchige Thespiskarrenlenker stark zu Hause; — wer in A. B. C. seinen Gläubigern durchgegangen ist, fängt in X. Y. Z. wieder von vorne an. Jeder Director betrügt das Publikum so oft er kann, und seine Mitglieder so oft er will, und macht sich am Ende noch über die Behörden lustig, so oft es ihn freut. Warum soll solchem Gelichter so Manches gestattet sein, was bei anderen Leuten nach dem unzweideutigen Sinne der Gesetze als „Betrug" bezeichnet und bestraft wird?

Haben wir bisher nur rhapsodisch und chaotisch, ohne Anwendung einer strengkanzleimäßigen Schablone die Uebelstände besprochen, so haben wir doch auch keinen vergessen und können nur wünschen, daß man an maßgebender Stelle unsere auf vieljährige Erfahrungen gegründeten Ansichten einigermaßen beherzige. Als dringend nothwendig aber empfehlen wir unseren erleuchteten Machthabern die möglichst schnelle und vollständige Ausrottung der sogenannten „ambulanten Theatergesellschaften," die von Dorf zu Dorf ziehen, unfläthige Stücke aufführen, und wie Zigeunerbanden nicht selten auf Diebstahl und Plünderung ausgehen.

Bevor wir unsere Reform=Ideen weiter entwickeln, sei es uns gestattet, noch einige Betrachtungen über die Herren Directoren und ihr unsauberes Treiben anzustellen. Es sollen diese Betrachtungen

---

*) Die Ordonnanz vom 8. December 1824, Artikel 10, lautet: „Tout le Directeur, qui fait faillite, ne peut être appelé de nouveau à la direction d'un theâtre." In Deutschland lassen Directoren schon ihre Firma protokolliren! —

hauptsächlich dazu dienen, die Behauptung zu motiviren, daß man bei der Wahl eines Directors mit nachsichtsloser Strenge vorgehen sollte.

Wenn irgendwo das Theater-Personale im schlechten Rufe steht, wenn man jeden Theaterangehörigen wie einen Pestkranken flieht, so kann man ohne Bedenken eine Wette darauf eingehen, daß der Director des bezüglichen Theaters ein höchst miserabler Wicht sei.

Ein Mann von Sitte, Anstand und Rechtlichkeitsgefühl, versammelt nur anständige Leute um sich, und sein Beispiel wirkt selbst auf leichtsinnige Subjecte äußerst günstig. Ein demoralisirter Director hingegen bewegt sich nur gut, wenn er von verrufenem Gesindel umgeben ist.

Man verzeihe uns die Derbheit der Ausdrücke und Bezeichnungen, die wir im Laufe unserer Betrachtungen wiederholt anwenden; — wir wissen, daß dieselben in ein Buch nicht passen, das von verschiedenen, zumeist durch Bildung ausgezeichneten Leuten gelesen wird: aber sie sind gewissermaßen die richtigsten und bezeichnendsten. Wir haben uns vorgenommen, das Uebel nicht mit Glacéhandschuhen anzufassen, sondern demselben mit eiserner Hand die trügerische Larve herabzureißen und dasselbe in seiner scheußlichsten Gestalt zu zeigen.

Es gehört wirklich zu den vielen Ungereimtheiten und Unerklärlichkeiten unserer so rigorosen, mit Moralität und Sitte kokettirenden Zeit, daß sie, trotzdem sie die Wichtigkeit und den mächtigen Einfluß der Theater auf öffentliche Gesittung nicht leugnet, doch andererseits gar oft keine Augen hat für die corrupte Moralität und die cynische Nichtswürdigkeit so vieler Directoren.

Der unbedeutendste Geschäftsmann muß ein in Beziehung auf Moralität vorwurfsfreier Mensch sein, sonst wird seine Bude gesperrt. Bärenführer, Improvisatoren, fahrende Gymnastiker, Taschenspieler, „Mordthatensänger", werden strenge überwacht, bei dem geringsten Vergehen eingesperrt und nicht selten über die Landesgrenze gewiesen. Es ist diese Maßregel eine sehr heilsame und zweckdienliche. Alle diese Kunstangehörigen infimae classis stehen, viele von ihnen fallen unter dem Gesetze; nur die Herren Theaterdirectoren stehen d'rüber und d'raußen.

Man klage uns nicht der lieblosesten Schwarzseherei oder

Uebertreibung an, wenn wir hier scharf zu Werke gehen; wir sagen wie Luther: „So wahr mir Gott helfe, ich kann nicht anders!" denn wir meinen es ehrlich mit der Sache und können der Wahrheit ihr heiliges Recht nicht nehmen.

Die Geschichte ist ja in so vielen Fällen des Lebens die wichtigste und untrüglichste Lehrerin. Lassen wir sie auch hier durch Beispiele, die alle Welt kennt und deren Thatsächliches am Tage liegt, unsere übertrieben scheinenden Behauptungen vertreten und rechtfertigen.

Greifen wir nicht weit zurück; nehmen wir die letzten 30 bis 40 Jahre, die wir in engen Beziehungen zu verschiedenen Bühnen verlebt und die unseren älteren Theaterfreunden so vielfachen Stoff zu Betrachtungen geben!

Also immer heran meine Herrschaften! Sehen Sie gefälligst durch dieses einfache ungetrübte Fensterglas in unseren Guckkasten und lassen Sie manchen alten Bekannten an Ihren Blicken vorübergleiten!

Hier präsentirt sich Ihnen jener sehr ehrenwerthe Herr Director, der neben einem großen Vermögen 30 uneheliche Kinder hinterließ und ein großer Cyniker war?!

Rrrrr! Ein anderes Bild! Sehen Sie, meine Verehrten, hier den bekannten unternehmenden und behäbigen Director, den deutschen Humbug, der in Reclame arbeitet, viel von sich reden macht und nun Mosen und die Propheten hat? — Erinnern Sie sich noch, wie dieser große Industrielle seine hübsche junge Frau an einen ausländischen Crösus um 8000 Silbergulden verkaufte und mit diesem Sündengelde eine Direction anfing!? —

Rrrrr! Ein anderes Bild! Hier erblicken Sie den Othello unter den Directoren, der mit seinen Desdemomen grausam verfuhr! Nicht wahr, Sie erkennen ihn auf den ersten Blick? Ja, das war ein großer Mann! Unlängst erst erhob er eine Tänzerin zu seiner Favorite, erklärte, für sie väterlich sorgen zu wollen und sogar auf die Raçen-Veredelung einzuwirken. Als Mann von moralischen Grundsätzen, war er auf den Ruf der Erkorenen heiklich; er erlaubte ihr nicht, ohne sein Vorwissen zu athmen, oder einen Schatten zu haben. Das geringste Vergehen, oft auch nur der Schein eines Vergehens wurde mit Ohrfeigen und Faustschlägen bestraft! Wegen des „Verdachtes der Hinneigung zur Treulosigkeits=Annäherung" ging der große Mann so weit, die arme gequälte Desdemoma ohne Rücksicht auf ihren rechtskräftigen Contract, augenblicklich fortzuschicken. Ein Ehrenmann seines Gleichen, steht außer dem Gesetze, er kann Contracte brechen, ohne zur Rechenschaft gezogen zu werden! In seiner Nähe sehen Sie gruppirt einen Kerl mit polizeiwidrigem, schlechtem Gesichte, der Niemandem ins Gesicht zu sehen vermag, und ein verkrümmtes, höferiges Monstrum, weiblichen Geschlechts. Ersterer ist ein Theaterdiener, Souffleur, Kuppler und Gelegenheitsmacher, und Letztere eine Theaterfriseurin oder sonstiges werthloses Möbel — beide aber, treue Diener ihres Herrn, der — jeder Zoll — ein sittenreiner Ehrenmann ist!!! Der Maler hat den Moment aufgefaßt, in welchem diese treuen Diener ihrem braven Herrn die erfreuliche Kunde bringen, daß es gelungen sei, einem braven, anständigen Manne sein ihm erst seit einem Jahre angetrautes Weib abwendig zu machen und als Ersatz für den Harem des Pascha=Directors zu engagiren! — Der große, sittenreine Ehrenmann, der in Rücksicht auf Verträge außer dem Gesetze steht, giebt seinen lieben Getreuen seine volle Zufriedenheit zu erkennen. Im Hintergrunde steht die Gattin des großen Mannes — ein häßliches altes Weib — einen zerbrochenen Frisirkamm in der Rechten schwingend und kreischt: „Ha, Verruchter, willst Du das Register Deiner Favoritinnen, die Dich schon so viele Tausende kosten, abermals vermehren? Gieb Dich zur Ruhe, alter Schöps — Geist will ich sagen!"

Rrrrr! Ein anderes Bild! Hier, meine Verehrtesten, präsentirt sich Ihnen ein gar loser Vogel von Director, den man seiner genialen Einfälle wegen, zum Finanzminister von Otaheiti machen sollte. Sie erinnern sich doch noch, daß er als ganz unbemittelter Schauspieler eine Direction antrat, die er aber nach Ablauf der Pachtzeit gleich verlassen mußte, weil gewisse engherzige Moralisten ihn der gröbsten Vergehungen gegen das sechste Gebot beschuldigten. Freisinnige große Männer erkannten jedoch rechtzeitig sein Genie und verhalfen ihm abermals zu einer Direction. Jetzt erst zeigte er, was Talent vermag! Durch schlau berechnete Finanz=Operationen machte er einen nielichen Bankerott mit einem Passivstande von 400,000 Gulden, und brachte es — abermals durch einen genialen Kunstgriff — dahin, daß er lebenslänglich als Director mit guter Gage beibehalten werden muß, wenn seine zahlreichen Gläubiger nicht Alles verlieren wollen!

Rrrrr! — Halt, um Gottes Willen nicht weiter, wir haben an dem schon genug! —

Wie wunderbar doch die Civilisation vorschreitet, wie sehr doch die Humanität ihr Panier schwingt! Welch' hohe Freisinnigkeit bei Anschauung und Beurtheilung unserer Verhältnisse und socialen Zustände herrscht jetzt! Vor 150 Jahren noch hätte man solche — sit venia verbo — „Schufte" und „Cyniker" an den Pranger gestellt, oder ihre Namen an den Schandpfahl geschrieben; — jetzt läßt man sie nicht nur ungehindert fortwirthschaften, sondern man protegirt, subventionirt und honorirt sie noch! Es lebe der Fortschritt der Cultur!

Haben wir auch in diesen letzten Spalten abermals die Würde und den Ernst, der unserer Abhandlung ziemt, bei Seite gesetzt und der Satyre alle Schleusen geöffnet, so wollen wir doch gleich wieder reuig zum Ernst zurückkehren und mit allen Besserdenkenden den hohen Ministerien zurufen: „Beseitiget so schnell als möglich alle ehrlosen, demoralisirten Subjecte unter den Directoren, und der erste, wichtigste Schritt zur Hebung des dahinsiechenden Theaterwesens ist gethan!"

Seit dreißig Jahren hört man fast alle Directoren über schlechte Geschäfte, über ein bedauerliches Sinken der Theaterlust im Publikum, über unzubestreitende Forderungen, über unerschwingliche Gagenforderungen der Schauspieler u. s. w. klagen.

An allen diesen Jeremiaden ist nicht viel Wahres, und das Wenige haben gewiß die Herren Directoren verschuldet. Die Geldverhältnisse haben sich allerdings gewaltig geändert; dagegen haben sich aber auch die Erträgnisse der Bühnen durch hundertprozentige Erhöhung der Eintrittspreise vermehrt. Man vergleiche nur die

Eintrittspreise von den Zwanziger Jahren mit den jetzigen und man wird den Unterschied finden.

Die Theaterlust ist keineswegs so gesunken, wie es diese sehr ehrenwerthen Thespiskarrenlenker gern aller Welt hinaufdisputiren möchten; wohl aber hat der Geschmack der jüngeren Generation unseres Theaterpublikums eine nicht sehr glückliche Richtung genommen. Daran, so wie an der großen Calamität, daß unsere Bühnen den Nimbus ehrenwerther, sittenveredelnder Kunstinstitute verloren haben, daran tragen, wie wir dies wiederholt bewiesen haben, doch nur die Directoren die Schuld. Die nichtswürdige Denkungsart dieser Leute, ihre corrupte Moralität, ihre mitunter zuchthauswürdige Gewinnsucht — haben dem Theater massenhaft Feinde zugezogen und die Sympathieen aller Besseren entzogen.

Wenn heut' zu Tage ein Publikum in seinen Ansprüchen zu weit geht, wenn die sogenannten Bühnenkünstler ihre Gagenforderungen bis zum Exceß hinaufschrauben, so haben dies nur die Directoren hervorgerufen.

Viele dieser Directoren wollen so zu sagen über Nacht reich werden. Um große Einnahmen zu erzielen, greifen sie zu den abenteuerlichsten Mitteln. Der Schaulust einer urtheilslosen Menge werden die namhaftesten Opfer gebracht, sinnlose Ausstattungen an Decorationen, Costümen und Comparserien werden massenhaft angewendet. Die sogenannten Possendichter werden beauftragt „Ausstattungsstücke" zu schreiben, in denen die äußeren Zuthaten den Glanzpunkt bilden. Um den eigentlichen Kern des Stückes und ob dem Ganzen eine sittliche Tendenz zu Grunde liege, darum kümmern sich diese privilegirten Geschmackverderber nicht. Die Thorheit und Schaulust der Menge muß Geld einbringen, und das ist ihr einziges Streben. Ihr oberster Grundsatz lautet: „Alles was Geld einbringt, ist gut; wer auf die Thorheit der Menge speculirt, macht ein brillantes Geschäft." Diese Maximen charakterisiren aber auch den gemeinsten Gauner und Schwindler, und wahrlich viele unserer Herren Directoren gehören in diese Kategorie.

Geht heut' zu Tage das gediegenste dramatische Werk neu in die Scene und wird es nicht mit sinnlosem Flitter ausgestattet, so findet es nur mäßigen Zuspruch. Die Menge will blos „gaffen" und denkt nicht mehr an sittliche Erhebung in einer Anstalt, wo von Oben bis Unten die gemeinste Sittenlosigkeit herrscht. Aus schlechter Saat entsteht schlechte Frucht; trotz aller speculativen Manöver finden die Herren Directoren doch selten ihre Rechnung und Bankrotte sind an der Tagesordnung.

Vor fünfzig Jahren noch erwarben sich die Directoren hie und da ein recht ansehnliches Vermögen; sie verstanden es, durch nette, einfache Vorstellungen Haus und Casse zu füllen. Die Regiekosten eines halben Jahres betrugen oft nicht so viel, als jetzt häufig die Ausstattung einer einzigen werthlosen Comödie beansprucht. Freilich wurden diese Herren auch nicht in einem Jahre reich, aber sie sahen doch wenigstens nach einigen Jahren Mühe und Fleiß reichlich belohnt! Allerdings waren es aber auch Leute von ehrenhaftem Character und nicht gemeine Lumpe, Gauner und Schwindler, die etwa durch die Protection einer Theaterfriseurin, durch das Abfertigungs-Douceur einer entlassenen Maitresse, durch die Dankbarkeit eines cynischen alten Aristokraten u. s. w. zur Direction gelangten.

Wenn die Schauspieler unbescheidene Gagen-Ansprüche erheben, so sind abermals nur die Directoren daran Schuld. Diese geschmackverderbenden Buden-Prinzipale verlangen vom Schauspieler nicht mehr eine nach psychologischen Grundsätzen geschaffene und geformte Kunstleistung, sondern unnatürliche, jedoch pikante, extravagante Kunststückchen, dramatische Bajazzo-Künste, abenteuerliche Capriolen. Drei, vier, auch fünf werthlose Bluetten an einem Abend, Verkleidungen, Couplets, Quodlibets und haarsträubenden Unsinn tischen sie dem Publikum auf. Dies packt, dies zieht, dies bringt Geld ein! Die Muse und der gesunde Menschenverstand hüllen sich freilich in tiefe Trauer; — doch was kümmert dies einen speculativen Director?! — Soll aber ein Schauspieler, der sich dazu hergiebt, nur ein theatralischer Hanswurst, ein Charlatan, ein Männchenmacher zu sein und sich aller Aussichten auf eine nur dem gediegenen Künstler im Alter winkende ehrenvolle Stellung entschlägt — sich nicht gut bezahlen lassen? Soll eine Schauspielerin, von der ein Director zum Aufputz seiner miserablen Comödien stets eine übertriebene Eleganz der Toilette fordert, nicht auch eine übertrieben hohe Gage fordern? Sollen wirklich brave Schauspieler, die bei dem erbärmlichen Repertoir vollständig verkümmern und nur dazu dienen müssen, gewissen Charlatanen, Gastspiel=Reisenden und Mauernweilern die wohlfeil erworbenen Lorbeerkränze aufzustülpen, nicht in einer hohen Gage Entschädigung suchen? —

Darum klagt nicht, Ihr Herren Directoren, über unbescheidene Gagen=Ansprüche Eurer Leute! Ihr habt dieselben selbst heraufbeschworen, Ihr seid der Urquell aller Uebel, die jetzt beim Theater herrschen, Ihr mordet Kunst und Sitte, und wenn nicht die Ministerien, die Land= und Reichstage nicht fünf Sechstel von Euch zum Teufel jagen, so besucht in vier bis fünf Jahren kein honnetter Mensch mehr Eure Buden! Ergreifet ein anderes Geschäft; werdet Straßenkehrer, Canalräumer oder Rattenvertilger und Ihr werdet der Menschheit nützen, während Ihr jetzt nur zur Entsittlichung des Volkes beitragt! —

Wir machen uns darauf gefaßt, der lieblosesten Derbheit und eines nichts weniger als salonfähigen Styles beschuldigt zu werden; wir fühlen es, indem wir diese Zeilen niederschreiben, daß wir eine Unzartheit begehen, wie wir sie im schriftstellerischen Leben wohl noch nie begingen. Aber man erwäge gefälligst, gegen wen unsere Philippica gerichtet ist, und daß man nach Göthe's Ausspruch „mit Seide keinen groben Sack zu nähen pflegt".

Wir fragen einfach: Welcher fleißige Bürger, der sich nach jahrelangen Bemühungen ein großes Vermögen erworben hat, würde es wagen, einen Haushalt zu führen und so zu schwelgen, wie so mancher ganz gewöhnliche Theater=Prinzipal? Was berechtigt Letzteren zu einem sybaritischen Leben? —

Während der ehrenwerthe Geschäftsmann, wenn er durch unverschuldete Unglücksfälle in Noth kommt, nur selten willfährige Hülfe findet und stets mißtrauisch angesehen wird, giebt es noch immer Leute genug, die einem schwindlerischen Theater=Prinzipalen ihr Geld förmlich anbieten! Der ehrenhafte Bürger, welcher auf eine genügende Hypothek hinweisen kann, muß oft schwere Opfer bringen, wenn er ein unbedeutendes Capital aufnehmen will; der Theater-Principal, der nichts besitzt, als ein Conglomerat bunter Lappen, bekleckste Leinewand und sonstigen werthlosen Trödel — mit der klingenden Phrase: „Fundus instructus" bezeichnet — bekömmt Geld, so viel er will. Von manchem accreditirten Kaufmanne sind nicht so viele Wechsel im Umlaufe, als von manchem verdächtigen Theater-Prinzipal. Es ist in der That unbegreiflich, daß es in unserer egoistischen Zeit immer noch Leute giebt, die dumm genug sind, einem Theater-Prinzipale namhafte Summen zu borgen.

Wir wären, ohne uns besonders anzustrengen, im Stande, den Beweis zu liefern, daß unter hundert Theaterbankrottfällen auch nicht drei waren, die ohne Verschulden der Directoren, sondern rein durch böse Zufälle entstanden. Bei den übrigen 97 Fällen waren gewiß Unkenntniß, Liederlichkeit, Verschwendung, Maitressen-Wirthschaft und Sippschafts-Umtriebe die Veranlassungen des schmählichen Bankrotts! In den letzten 40 Jahren sahen wir viele verarmte Bürger und Geschäftsleute im Schuldthurm zu Grunde gehen; unter den schlechten Theater-Principalen traf nur einen einzigen dieses Loos, während es vielleicht 50 vollkommen verdient hätten. Man beschuldige uns nicht der leidenschaftlichen Gehässigkeit, wenn wir aus innerster Ueberzeugung die Behauptung aufstellen, es sei ein Verbrechen an der Menschheit und vor dem Forum des gesunden Menschenverstandes gar nicht zu rechtfertigen, wenn man einem Theaterdirector gewöhnlichen Schlages durch Geldmittel zu Hilfe kommt, und ihm die Gelegenheit entzieht, über sein wüstes unehrenhaftes Treiben im Schuldthurme nachzudenken.

Ist es den hohen Ministerien, den Land- und Reichstagen wirklich Ernst, das Theaterwesen einer durchgreifenden Reform zu unterziehen: so wird man gewiß auf die zweckmäßige Wahl der Directoren großes Gewicht legen.

Wir verkennen es übrigens nicht, daß es eine schwierige Aufgabe sei, einen vollkommen brauchbaren Director aufzufinden. Während man bei vielen anderen Stellungen im Leben nur in einem Zweige des Wissens exact zu sein braucht, soll der Director nicht nur die ältere und neuere dramatische Literatur kennen, ästhetische Studien betreiben, Linguist, Dramaturg, Musiker sein und sich außerdem eines untadelhaften Rufes erfreuen. Ein tüchtiger, allen Anforderungen entsprechender Director ist schwieriger zu bestellen, als etwa ein tüchtiger Hofrath. Es gehört viel Sach- und Menschenkenntniß, wie nicht minder viel Liebe zur Kunst dazu, um den rechten Mann zu finden.

Würde z. B. die artistische Leitung eines Theaters einem eingefleischten Bureaukraten als Nebengeschäft aufgebürdet: dann wäre das Verderben der Kunstanstalt in bester Form decretirt. Wenn auch weisere Oekonomie gehandhabt und mancher auffallende Fehler vermieden würde, so wucherte gewiß doch das als Erbsünde an der Bureaukratie haftende „Protectionswesen" mehr üppig, und wo dieses Unkraut sich einnistet, dort verkümmert die Kunst.

Ebenso würde man sehr irren, wenn man der Ansicht wäre, ein tüchtiger dramatischer Schriftsteller, der Popularität erlangte, müsse auch ein tüchtiger Director sein können. Abgesehen von einem ganzen Heere von Uebelständen, die da erwachsen müssen, wenn der Director die größte Zeit des Tages am Schreibtische zubringt, ist eine Bühne, deren Vorstand selbst dramatischer Dichter ist, für jeden anderen Dichter entweder ganz unzugänglich, oder es werden die fremden Geisteskinder so stiefmütterlich behandelt, daß sie sich dem Publikum als verwahrloste Rangen präsentiren und den unerquicklichsten Eindruck hervorbringen.

Um ein tüchtiger Director zu sein, ist es nicht immer nothwendig, daß man selbst Schauspieler gewesen sei. Die Erfahrung lehrt es, daß die meisten ehrenhaften und tüchtigen Directoren, deren Namen die Welt mit Achtung nannte, nie Schauspieler gewesen sind. Ein Mann, der über die Jünglingsjahre hinaus ist, unbescholtenen Charakter und wissenschaftliche Bildung besitzt, durch eine Reihe von Jahren mit Vorliebe dramaturgische Studien betrieb, mit dem Theater im Verkehr stand und das Bühnenwesen näher als vom Parterre aus kennt — dies wäre so ungefähr der Mann, den man mit der Leitung eines Kunst-Institutes betrauen könnte!

Zu gewesenen Schauspielern — wir wiederholen dies nachdrücklichst — wäre nur in ganz besonders rücksichtswürdigen Fällen zu greifen. Ein Schauspieler — sei er auch der ehrenhafteste, hat stets Hang zu einem zügelloseren Leben und mehr fadenscheinige Begriffe von Moralität. Von seinen Directoren hat er selten etwas Gutes gesehen, und quo semel est imbuta recens, servabit odorem testa diu! Wie es um die wissenschaftliche Bildung der meisten Schauspieler, namentlich der sogenannten „Theaterkinder" steht, haben wir im Laufe unserer Abhandlungen wiederholt dargethan.

Ist man aber wirklich so glücklich, einen anständigen und brauchbaren Director gefunden zu haben, so emancipire man ihn vollständig von allen Bevormundungen gewisser Ober=Directoren, Intendanten, Consulenten, Curatoren u. s. w. wie sie bei gewissen ständischen Theatern vorkommen. Die Erfahrung hat es gelehrt, und wir haben es ausführlich berührt, daß diese Intendanten, Curatoren u. s. w. der dramatischen Kunst nicht nur nichts nutzten sondern zur Depravation des Theaters nicht selten ein Wesentliches beitrugen.

Wir haben es uns zum Grundsatze gemacht, schonungslos die Wahrheit zu sagen und alle wunden Stellen unseres Theaterwesens blos zu legen. Gleichwie man aber bei der richterlichen Untersuchung und Aburtheilung eines Vergehens oder Verbrechens die erschweren= den oder mildernden Umstände in Erwägung zieht, und billiger Weise fragen muß, welche Umstände zu dem Vergehen die nächste Veranlassung geboten haben: ebenso muß man sich fragen, welche Um= stände und Verhältnisse die von so vielen p. t. Herren Directoren cultivirten Unfuge fördern und unterstützen?

Mit innigem Bedauern müssen wir in obiger Beziehung bemerken, daß die Journalistik, oder wenigstens ein bedeutender Theil derselben — entweder ihre Mission nicht erfüllt, oder — was leider auch der Fall ist — zu allen Nichtswürdigkeiten noch die Hand bietet.

Vor Allem läßt man es an der gehörigen Strenge fehlen, be= trachtet das Theater nur als eine Art Spielerei und läßt die Herren Directoren nach Belieben schalten und walten.

Einheimische Künstler und ihre Leistungen werden wenig oder

gar nicht beachtet; mittelmäßige und schlechte Schauspieler werden gänzlich ignorirt, anstatt darauf hinzuwirken, daß sie entfernt werden, und nur fremde Künstler, die mit Empfehlungsbriefen kommen, oder sich zu insinuiren verstehen, werden mit Lobesweihrauch angequalmt. Gehört solch ein Fremder etwa gar einem unbegreiflicher Weise von Gott auserwählten Volke an, dann ist namentlich in Wien der Lärm groß, und die Schöngeister dieses neuen Jerusalems bemühen sich eifrigst, den Ankömmling zum großen Künstler zu stempeln.

In den Recensionen über neue dramatische Werke wird von Allem gesprochen, nur nicht von den Werken selbst, und je bombastischer solch ein Feuilleton-Artikel geschrieben ist, je mehr klingende und moderne Flosteln derselbe aufzubringen hat, desto mehr Anklang findet er in der sogenannten Kunstwelt. Freilich werden die Lessinge nicht alle Tage geboren; aber die Oberflächlichkeit, mit welcher man heut zu Tage neue Erscheinungen auf dem Gebiete der Kunst bespricht, steht im grellsten Widerspruche zu den Fortschritten, welche die Literatur und geistige Bildung gemacht hat.

Gäbe es keine schlechten, unehrenhaften Journalisten, und Redacteure, so wäre vieler Unfug in der Theaterwelt ganz und gar unmöglich. So lange aber den Directoren, namentlich durch die verrufenen Agentenblätter — die Möglichkeit geboten ist, sich gegen Tadel zu „assecuriren" — so lange es Redacteure giebt, die ehrlos genug sind, mit Directoren förmliche „Concordate" abzuschließen und den von den Herren Directoren selbstfabrizirten Lobhudeleien willig die Spalten ihrer Journale zu öffnen — so lange ist kein Heil zu hoffen, weil die Irreführung des Publikums systematisch betrieben wird.

Wir enthalten uns jeder weiteren Bemerkung; die Sache ist an und für sich so abscheulich, daß sie sich selbst richtet. Wir führen den Uebelstand überhaupt nur deshalb an, um zu beweisen, daß ein, von der Regierung überwachtes Theater-Journal, namentlich für österreichische Theaterverhältnisse eine wahre Wohlthat wäre.

Ebenso wie bei Verleihung einer Theater-Concession mußte man sich den Mann genau besehen, den man als Redacteur eines officiellen Theater-Journals bestellt. Außer gediegener Sachkenntniß und gründlicher literarischer Bildung wäre auch tadellose Moralität zur unerläßlichen Bedingung bei einem Manne zu machen, der die öffentliche Meinung in Beziehung auf Theaterwesen zu leiten und zu reguliren bestimmt ist.

Er müßte für sämmtliche Comödianten und Directoren vollkommen unzugänglich sein und mit denselben nie persönlich verkehren. Dadurch würde jeder Gattung von Breitschlagung und Insinuation vorgebeugt und den Theaterangehörigen die Möglichkeit entzogen werden, ihre Comödianterien auch außerhalb der Bude zu exerciren.

Von einem gebildeten Manne ließe sich auch mit Recht erwarten, daß er im wohlthuenden Contraste zu so vielen unserer cynischen Theater-Principale keine Paschagelüste offenbaren und sich in dieser Beziehung ganz vorwurfsfrei erhalten würde. Er dürfte sich also viele von unseren Theater-Monarchen nicht zum Vorbilde nehmen. Haben wir doch jetzt noch Theater-Prinzipale, die so schamlos und ehrvergessen sind, mit gewissen maladies secretes — die selbst der gemeinste Mensch vor aller Welt zu verbergen sucht — öffentlich zu prunken und von ihren epikuräischen Ausschreitungen wie von einem witzigen Einfalle reden! Ja, es giebt Leute unter ihnen, welche um eine Lüge nicht verlegen sind, die Ehre eines Theaterangehörigen ohne Bedenken brandmarken und sich rühmen, was ihnen Alles zu Gebote stehe! Dies ließe sich von einem ehrenhaften Journalisten nicht befürchten, und wir führen es überhaupt nur an, um die Charakteristik unserer Thespiskarrenlenker näher zu beleuchten; aber wir wollen andeuten, daß auf einem ehrenhaften Journalisten auch nicht der leiseste Verdacht des Cynismus und Epikuräismus haften dürfte.

Eben bemerkend, daß wir den notorischen Nichtswürdigkeiten mancher unserer Herren Directoren schon mehr als zu viel Aufmerksamkeit gewidmet haben, kehren wir zur eigentlichen Aufgabe dieses Abschnittes, nämlich zur Erstattung unmaßgeblicher Vorschläge für die innere Reorganisation des Bühnenwesens zurück.

Um die Rechte und Interessen der Directoren sowohl als

der Bühnenkünstler zu schützen, so wie die Verpflichtungen Beider gegen einander und gegen das Publikum auf das richtige Maß zurückzuführen und nach Billigkeitsgrundsätzen zu begrenzen, wäre die Einführung eines allgemeinen „Theatergesetzbuches" sehr wünschenswerth.

Es finden sich bei allen größeren Theatern, theils gedruckt, theils geschrieben, gewisse „Disziplinar-Satzungen", die man in der Bühnensprache „Theatergesetze" nennt. Insofern sich diese sogenannten „Theatergesetze" um nichts weiter drehen, als um die „Haus- und Geschäfts-Ordnung", mögen dieselben fortan bestehen und von jedem Director nach den Localverhältnissen gemodelt werden. Dagegen dürften dieselben ganz und gar nichts enthalten, was vor das Forum der bürgerlichen Gesetzgebung, sowohl in civilrechtlicher als in strafrechtlicher Beziehung gehört, z. B. Auflösungen von Contracten, Strafen für Vergehen, die das Strafrecht bestimmt u. s. w.

Die Erfahrung der neuesten Zeit hat es vielfach gelehrt, daß diese von den Directoren selbst fabricirten Gesetze, deren in den Engagements-Verträgen nur ganz kurz gedacht wird und dem Mitgliede zur Zeit des Contracts-Abschlusses noch gänzlich unbekannt sind, eine Kette von Paragraphen enthielten, die dem arglosen Bühnenmitgliede jedes Recht entzogen und dasselbe zuweilen sogar ins Verderben stürzen konnten. Im Wege des Civil-Prozesses ließ sich in solchen Fällen nie Etwas erzwecken, denn die Engagementskontrakte enthielten einen Punkt, in welchem die wortgetreue Befolgung der bestehenden und künftig vom Herrn Director zu erlassenden „Theatergesetze" zur unerläßlichen Bedingung gemacht wurde.

Wir sind durchaus nicht gegen strenge „Disziplinar-Satzungen" — denn diese sind wohl nirgends nöthiger, als bei dem leichtfertigen Theatervölkchen — aber sie müßten der Sanction des Ministeriums unterzogen werden, und, wie gesagt, nichts enthalten, was vor das Forum des bürgerlichen Rechts gehört.

Jeder Director wäre daher gleich bei der Concessions-Verleihung zu verpflichten, den Entwurf der „Disziplinar-Satzungen" vorzulegen und die Sanction zu erbitten, worauf die Drucklegung stattfinden könnte. Ein Exemplar wäre in dem Ministerial-Archive zu hinterlegen. Ebenso müßte es dem Director zur Pflicht gemacht werden, jedem Mitgliede noch vor Abschluß des Contractes diese „Disziplinar-Satzungen" zur Einsicht vorzulegen und sich dies bestätigen zu lassen.*)

Bezüglich der „Engagements-Contracte" wäre festzusetzen, daß die Textirung der diesfälligen gedruckten Blanquetts für alle Theater dieselbe sein müßte. Es wären daher diese Contracts-Formularien von der bezüglichen Section des Ministeriums zu entwerfen und zu veröffentlichen.

Im Falle, als sogenannte Additional-Artikel beigefügt werden müßten, wären diese Artikel von einer politischen Behörde oder von einem Notar zu contrasigniren, damit der Wortlaut gehörig präcisirt, keinen Anlaß zu irrigen Auslegungen geben könnte und die strenge juridische Form hätte. Als Norm bei Abschließung der Contracte hätte das allgemeine „Theatergesetzbuch" zu gelten.

Wir glauben hier zur Vermeidung aller Mißverständnisse beifügen zu müssen, daß wir unter dem „Theatergesetzbuche" nicht etwa die „Disziplinar-Satzungen" der Herren Directoren, sondern ein vom Ministerium entworfenes Gesetzbuch verstehen, wie ein solches, abgesehen von dem „allgemeinen bürgerlichen Gesetzbuche" — z. B. für Gewerbe, Fabriks-Unternehmungen, die Eisenbahnen und das Telegrafenwesen u. s. w. — besteht.

Contracte über Gastspiele, oder über Versuche, die zu einem Engagement führen können, müßten, da sie ganz ungewöhnliche Bedingungen enthalten, stets nur von einem Notar verfaßt und contrasignirt sein, damit sich durchaus keine von den unseren Herren Directoren so geläufigen elastischen Clauseln einschleichen.

In keinem Falle werden unter dem Scheine des Rechtes so viele Gewissenlosigkeiten verübt, als wenn es sich in Folge eines Probegastspiels um ein Engagement handelt.

Der Director eines Theaters in irgend einem entlegenen Winkel der Monarchie erfährt, daß sich irgendwo ein im Augenblicke disponibles

---

*) Bei mehreren wohlgeordneten Hoftheatern Deutschlands, namentlich bei jenem zu Braunschweig ist dies längst üblich.

junges Talent aufhalte. Er weiß daher nichts eiliger zu thun, als sich entweder direct, oder durch einen Agenten mit dem jungen Talente in Correspondenz zu setzen, und ein „auf Engagement abzielendes Gastspiel" zu offeriren. Goldene Berge werden versprochen und alle möglichen Schmeicheleien ausgekramt. „Wenn sie, wie ich nicht zweifle, gefallen, so schließe ich sofort einen Contract auf längere Dauer mit ihnen ab." So lautet die stereotype Formel aller dieser Köderbriefe. Das junge Talent ahnet nichts Arges, und ist von dem frommen Köhlerglauben beseelt, ein jeder Director müsse auch ein Mann von Ehre und Gewissen sein.*) Die werthvollsten Habseligkeiten werden zu Gelde gemacht und die Reise wird angetreten. Nach hundert gar nicht geahnten Vexationen rückt endlich der Debut=Abend heran. Ist der Erfolg des Debuts kein durchgreifender, dann ist ohnehin Alles verloren; gesetzt aber, der Erfolg ist günstig, das Publikum und die Journalistik zollen dem jungen Talente ein=helligen Beifall, so ist noch immer nichts gewonnen.

Der speculative Herr Director spricht keine Sylbe von der ver=heißenen Abschließung des Contractes.

Befragt, warum er zögere, sagt er dem Debütanten oder der De=bütantin mit kecker Stirne: „Sie haben nicht gefallen!"

„Wie? — erwiderl der Debütant — ist mehrmaliger Hervorruf und das einstimmige Lob der Journalistik in ihren Augen kein Beweis des Gefallens?"

Darauf erwiedert der ehrenwerthe, geniale Herr Director ge=wöhnlich: „Der Beifall kann durch Freibilletisten gemacht, das Journalblatt gekauft oder durch Empfehlungsbriefe erwirkt sein — darauf gebe ich nichts. Mir müssen Sie gefallen; meine Ansicht ist die allein maßgebende — und — aufrichtig gesagt — mir haben Sie ganz und gar nicht gefallen."

Der beklagenswerthe Debütant oder die noch beklagenswerthere Debütantin, steht wie vernichtet da, und ist vollkommen rathlos. Dies bemerkend, beginnt der Herr Director gewöhnlich den herzlichen und

---

*) Ein Jahr beim Theater genügt meistens, diesen frommen Köhlerglauben als Aberglauben erkennen zu lassen.

einsichtsvollen Ehrenmann zu spielen, und offerirt — in Anbetracht der weiten Reise, der vorgerückten Jahreszeit und der pecuniären Opfer — ein Engagement auf ein Jahr mit einer wirklich schmachvollen Gage. Bei Debütantinnen, wenn sie jung und hübsch sind — werden noch andere Bedingungen festgesetzt, die sich auf Rechte beziehen, wie sie einst die hohe Aristokratie Frankreichs ihren Unterthanen gegenüber ausübte. Die Mittel sind erschöpft, und das arme Wesen beißt in den sauren Apfel, ohne zu ahnen, welche Folgen dieser einzige Biß fürs ganze Leben hat.

Derlei Streiche gehören in unserer lieben Theaterwelt zu den Alltäglichkeiten; sie sind Jedem, der, wie ein gewisses Sprüchwort sagt „nur ein Paar Schuhe beim Theater zerrissen hat" ein Dutzendmal vorgekommen. Es wäre daher höchst heilsam, wenn das hohe Ministerium auch in dieser Beziehung einen Riegel vorschieben wollte.

Dies ließe sich sehr leicht bewerkstelligen; man müßte nur den bestellten Berichterstatter auf Ehre und Gewissen verpflichten, seine subjective Ansicht mit jener des unbefangenen Theiles im Publikum zu vereinigen, und diese sollten in Fällen, wie der vorerwähnte maßgebend sein. Ob der Beifall „gemacht" sei, läßt sich ohne Anstrengung wahrnehmen, und für die Wahrheit und Unpartheilichkeit des gedruckten Urtheils hätte der behördlich bestellte Berichterstatter mit seiner Ehre einzustehn. Unseren ebenso speculativen als dem Cynismus huldigenden Herren Directoren würde durch eine derlei heilsame Maßregel ein sehr wünschenswerther Hemmschuh angelegt werden.

Die meisten Contracte enthalten einen Punkt, welchem zu Folge die augenblickliche Entlassung eines engagirten Mitgliedes eintreten kann, wenn dasselbe sich eine gröbliche Beleidigung des Directors, eines seiner aufgestellten Beamten oder wohl gar des Publikums zu Schulden kommen läßt.

Dieser Punkt, so zweckmäßig und so sehr er auch im Rechte begründet zu sein scheint, wird sowohl von den Directoren als von den Bühnenmitgliedern auf die nichtswürdigste Weise mißbraucht. Will der Director ein mißliebiges Mitglied schnell und ohne Entschädigung anbringen, oder winkt einem ehrlosen Mitgliede die Aussicht auf ein lucratives Engagement, so wird ein Streit herbeigeführt, der mit einem Exceß gröbster Art endet. Beide Theile berufen sich dann — jenachdem der Fall in ihren Kram paßt, auf den bezüglichen Contracts=Punkt, und die Auflösung des Contractes ist da. Daß hierbei von der einen oder der anderen Seite eine Schurkerei unterlaufe, bedarf nach dem Ebengesagten keines Beweises mehr.

Um also auch da **präventiv einzuwirken**, wäre zu verordnen, daß **jeder derartige Exceß, bei Concessions=Verlust, der Strafbehörde zur Untersuchung und Aburtheilung zu übergeben sei.** Außer der gesetzlichen Ahndung, die den Schuldigen trifft, hätte derselbe die eingegangenen Contracts=Verpflichtungen **einzuhalten**, oder das stipulirte **Pönale** hierfür zu leisten. Ueberdies wäre derselbe rücksichtlich der pünktlichen **Pflichterfüllung** in so lange behördlich und mit Strenge zu überwachen, als der Contract dauert. Auch wäre das Resultat der diesfälligen Gerichtsverhandlung durch das **Theater=Journal zu publiciren**. — Hierdurch dürfte — abgesehen von vielen anderen Unzukömmlichkeiten — der Scandal= und Krakehlzucht der Herren Directoren und des Abhubes der Bühnenangehörigen ein fester Damm entgegengestellt sein.

Dem behördlich bestellten Berichterstatter wäre das Recht einzuräumen, dem Director im **mündlichen Wege Winke** wegen Abstellung von Unzukömmlichkeiten zu ertheilen, und falls diese unbeachtet blieben, die Anzeige an das **Ministerium** zu erstatten, wenn die **Localbehörden** seinen Mahnungen und Winken keine Unterstützung geben, oder diese Unterstützung gleichfalls keinen Erfolg haben sollte. In minderen Fällen wäre dem Director durch einen im Wege der Unterbehörden herablangenden **Ministerial=Erlaß ein Verweis** zu ertheilen, in **schweren** wäre sofort die Untersuchung einzuleiten und nach Umständen auf die **Entfernug des Directors** anzutragen, oder demselben nach Ablauf des Contractes **die Concession für immer zu entziehen**. Zwei bis drei derartige Exempel würden hinreichen, um die übermüthigen und dem Gesetze Hohn sprechenden Herren Directoren zu bescheidenen Leuten zu machen.

Fast müssen wir befürchten, uns mit dem Vorwurfe belastet zu sehen, daß wir uns abmühen, Dinge zu beweisen, die längst keines

Beweises mehr bedürfen, wenn wir etwa zum hundertsten Male behaupten, daß die Directoren an der nach allen Richtungen sich kund gebenden Corruption des gesammten Theaterpersonals zunächst die Schuld tragen.

Abgesehen von dem schlechten Beispiele, das viele Directoren durch luxuriösen Lebenswandel ihrem Personale geben, ist auch die Modalität, nach welcher sie Gagen und Vorschüsse zahlen, durchaus verwerflich und bietet zum Derangement der finanziellen Verhältnisse bei den Theaterangehörigen die gefährlichste Gelegenheit. Während in allen Geschäftsverhältnissen diese Entlohnungen für geleistete Dienste, insofern diese Entlohnungen als „Gage" oder „Salarien" bezeichnet werden, nur einmal im Monate zur Auszahlung gelangen, finden berlei Auszahlungen — selbst bei sehr bedeutenden Theatern — mindestens zwei Mal pr. Monat statt.

Gewöhnlich wird die erste Hälfte der Gage am 18. und die zweite Hälfte am Letzten eines jeden Monats gezahlt. Am 8. und 24. werden die sogenannten „à Conto-Zahlungen" in kleineren Beträgen geleistet.

Wir wollen nichts dagegen einwenden, wenn der Schauspieler, der sich unter allen Umständen für einen „Künstler" hält und als solcher behandelt sein will, sich durch die Annahme einer ratenweisen Gagezahlung selbst in die Cathegorie und auf das Niveau des Schustergesellen stellt, der auch viermal pr. Monat seinen Lohn bezieht. Will der „Künstler" sich als „Handwerksgeselle" behandeln lassen, so ist dies Geschmacksache und deutet hinlänglich an, daß es mit der „Künstlerschaft" nicht viel zu bedeuten habe. Aber die Sache hat nach andern Richtungen hin ihr Böses. Der Schauspieler, welcher seine Gage ratenweise bezieht, ist nicht in der Lage seine häuslichen Angelegenheiten zu ordnen und seine Ausgaben vernünftig einzutheilen. Wohnungsmiethe, Kost und hundert andere Ausgabe-Rubriken müssen monatweise auf ein Mal beglichen werden; dies ist nur denkbar, wenn der Schauspieler seine Gage auf ein Mal, d. h. im vollen Betrage bekömmt. Theilbeträge, die nicht hinreichen, alle Rubriken zu decken, zersplittern sich, werden bei der bekannten

Leichtfertigkeit der Schauspieler leicht ausgegeben und die Begleichung der Hauptrubriken unterbleibt.

Daher stammen die schmutzigen Schulden unserer Histrionen, daher der Schwindel und die abscheulichen Betrügereien, die in vielen Schauspieler-Biographieen eine so hervorragende Rolle spielen!

Es wäre somit gesetzlich zu verfügen und von der administrativen Controlle zu überwachen, daß die Gagen bei allen Theatern nur einmal im Monate und mit Berücksichtigung der Abzüge an Vorschüssen, Strafgeldern u. s. w. gezahlt werden. Selbstverständlich dürfte von den bettelhaften „à Conto-Zahlungen" keine Rede sein.

Der Beamte, der Officier, und noch hundert andere Leute, die von dem Ertrage ihrer Dienstleistungen leben, beziehen ihre Besoldung nur ein Mal im Monate und müssen damit weislich haushalten, warum soll der „Combiant," dem doch gar keine gesicherte Zukunft winkt, sich nicht zur Ordnung und Sparsamkeit verstehen können?

„Beamte, Officiere und andere Geschäftsleute sind ein philisteriöses Leben gewöhnt; wir aber sind Künstler und müssen ungebundener leben können, sonst gedeiht die Kunst nicht" — so lautet stereotyp das Feldgeschrei aller lumpigen Comödianten, wenn man sie auf die schlechte Gebahrung mit ihrem Einkommen aufmerksam macht.

Diese fadenscheinige Behauptung widerlegt sich von selbst, wenn man auf die allbekannte Thatsache hinweiset, daß es zu allen Zeiten mehrere Künstler gab, welche die solidesten, honnettesten Menschen waren und in sehr geordneten Verhältnissen lebten. Nach der Ansicht unserer lumpigen „Dutzend-Comödianten," die sich mit unter auch schon bei Hof- und Stadttheatern eingenistet haben, wäre also „Lumperei das Kriterium, das signum notabile der Künstlerschaft," und jeder honnette Mensch müßte sich scheuen, für einen Künstler gehalten zu werden. Glücklicherweise hat aber die öffentliche Meinung noch immer so viel Tact „Spreu vom Korn zu sondern" und schätzt den Künstler, der ein honnetter Mensch ist, aufrichtig, während der „geniale Lump" nicht höher im Werthe steht, als der wohldressirte Affe.

Wer es redlich mit der Kunst meint, wem eine erfreuliche Neu=

gestaltung und Verbesserung unserer Theaterzustände am Herzen liegt, der muß dafür stimmen, daß Maßregeln getroffen werden, welche darauf abzielen, daß unsere Theaterangehörigen durchweg aus honnetten Leuten bestehen.

———

Eine andere Ursache des Verderbens, der Depravation und Demoralisation unseres Theater=Personals, namentlich des weiblichen, liegt in dem übertriebenen, mitunter höchst widersinnigen Kleider=Luxus.

Unsere Herren Directoren, die gar häufig da nichts thun, wo eine Ausstattung wirklich angezeigt wäre, sehen es sehr gerne, wenn die Theaterdamen einen fürstlichen Pomp und Luxus entwickeln, wenn sie sich mit Schmuck überladen und eine Toilette entfalten, die durch Glanz und Bizarrerie blendet. Ob diese Nebendinge mit dem Geiste des Stückes oder auch nur mit dem gesunden Menschenverstande harmoniren, darum kümmern sie sich nicht. Wir sehen täglich auf unseren selbst größeren Bühnen Soubretten, die mehrere Stoffkleider Brüssler=Spitzen und kostbare Armbänder; — Bäuerinnen, die Sammet, Seide, schwere Stoffe, Damen=Uhren u. s. w. zur Schau tragen. Unsere Theaterdamen denken durchgängig schon weniger an ihre Rollen, als daran, wie sie sich auffallend costümiren und allenfalls eine Collegin in Schatten stellen können.

Selbst die bedeutendste Gage reicht nicht mehr hin, um den Aufwand zu decken, den eine Toilette, wie sie jetzt schon auf ganz gewöhnlichen Theatern heimisch ist, erfordert. Da aber keine Theaterdame darauf rechnen kann, in einer besseren Rolle vor dem Publikum erscheinen zu dürfen, wenn sie nicht eine glänzende Garderobe zu entfalten vermag, so bleibt häufig kein anderes Mittel übrig, als sich alles Ehrgefühls zu entäußern und sich der Prostitution in die Arme zu werfen.

Vollends himmelschreiend ist es, wenn Directoren von ihrem weiblichen Chorpersonale, dem sie eine Monatsgage zwischen 10 und 30 Fr. zahlen, noch fordern, daß sich dieses Personal jede Gattung von Costüme aus Eigenem anschaffe, und ohne auch nur einen

Faden aus der Theatergarderobe zu bekommen, immer elegant und geschmackvoll erscheine. Solch eine arme Choristin hat, namentlich an einer Provinzbühne, an welcher Oper, Schauspiel und Posse gegeben wird, mindestens 12—15 complette Anzüge nöthig. Wovon und wodurch soll der erforderliche Aufwand bestritten werden?

Um also einen der mächtigsten Demoralisationshebel zu entkräften, wäre gesetzlich zu verordnen und mit aller Strenge aufrecht zu erhalten, daß:

a. Das Theatercostüme der Damen möglichst einfach und nicht kostspielig sei; selbst historische Costüme dürften nicht aus echten und theuren Stoffen angefertigt sein. Echter Schmuck und Juwelen aller Art dürften garnicht angewendet werden.

b. Dem weiblichen Chor-Personale bei allen, namentlich bei subventionirten Theatern, außer der französischen oder Hauskleidung keine wie immer Namen habende Gattung Theaterkostüme sich beizuschaffen aufgebürdet werde, und daß Letzteres durchweg von der Direction beizustellen sei.

Will die Direction z. B. in Conversationsstücken, in welchen eine Gesellschaft in Salonkleidern vorkommt, besondern Glanz entwickeln, so dürften sich wohl Leihanstalten finden, welche um ein Billiges Alles beistellen, was zur Eleganz erforderlich ist. So gut, als das Jahr hindurch eine Menge von Requisiten, Utensilien u. s. w. von Privaten gegen Bezahlung geborgt werden müssen: ebenso könnte man für einzelne Fälle auch Costümebestandtheile von den Leihanstalten nehmen.

Eines Uebelstandes, dessen wir zwar schon einmal gedachten, müssen wir der Wichtigkeit wegen hier nochmals gedenken. Dieser Uebelstand heißt: „Verwandtschaften und Sippschaften."

Ist es schon gefährlich, wenn die einzelnen Bühnenmitglieder untereinander verwandt sind und Cliquen bilden, so ist eine Verwandtschaft des Directors mit dem Bühnen-Personale vollends verderblich für die Kunst und von großem Nachtheile für die Theaterbesucher.

Jeder lumpige Comödiant, der in seinem lieben deutschen Vaterländchen nichts zu nagen und zu beißen hatte und sich etwa nur aus Hunger bei politischen Bewegungen so arg compromittirte, daß er sich nicht mehr in seiner Heimath blicken lassen darf, geht nach Oesterreich, lungert bei verschiedenen Bühnen herum, und sucht sich endlich dadurch festzusetzen, daß er mit dem Director verwandt wird. Letzterer muß dafür sorgen, daß dem lieben neuen Anverwandten das Heimaths- und Staatsbürgerrecht ertheilt werde, und somit gewinnt das liebe Oesterreich einen Unterthan, um den es wirklich nicht zu beneiden ist. Man hat einheimische Taugenichtse genug, die mit Allem unzufrieden sind, und als Müßiggänger an allem Bestehenden rütteln; wozu also noch fremde Taugenichtse aufnehmen?! Giebt es so viele Stellungen im Leben, bei welchen die Verwandtschaft mit einzelnen Mitgliedern der Corporation ein Hinderniß bildet, in diese Corporation aufgenommen zu werden: warum soll so ein wichtiges Institut, wie das Theater, nicht auch ähnliche Grundsätze beobachten? —

Im Interesse der Kunst und des Publikums wäre daher schon bei Concessions-Verleihungen dem Director die unerläßliche Bedingung zu stellen, daß seine verehrliche Verwandtschaft nie dem Kreise seiner ausübenden Künstler einverleibt und auch mit keinem theatralischen Amte betraut werde.

Wir erwähnen dieser Verwandtschaft hier absichtlich nochmals, weil wir die vielfache Ueberzeugung gewonnen haben, daß dieselben der Ruin eines Theaters sind, und weil wir im Interesse der guten Sache keinen sehnlicheren Wunsch hegen, als daß die Ecrasirung dieses Uebels baldigst eintreten möge.

Der kleine theatralische Staat läßt keine andere Regierungsform als die absolut-monarchische zu; nistet sich Oligarchie oder gar die Republik ein, so geht er schnell zu Grunde. Der Direktor muß Autokrat sein, denn alle Einmengungen von Verwandten bringen sicheres Verderben. Darum — wir betonen es besonders — keine Verwandten, keine sich in die Geschäftsleitung einmengenden Weiber! —

Daß der Bühne, auf welcher lediglich die bramatische und mi-

mische Kunst in ihren verschiedenen Abzweigungen floriren soll, alle Taschenspieler, Gaukler, Athlethen, Kunstreiter, Riesen, Zwerge und fahrenden Virtuosen fremd bleiben sollten, berühren wir nur nebenher; honnette Bühnen wissen ohnehin, was sie zu thun haben. Uebrigens wäre für die überwiegende Anzahl der nicht honnetten Theater, ein Gesetz zu erlassen, welches Gaukler, Seiltänzer u. s. w. von der Bühne verbannt.

Weit entfernt, zu glauben, daß wir alle Uebelstände berührt haben, die als Krebsschäden an unserem Bühnenwesen nagen — können wir doch mit Beruhigung behaupten, daß wir wenigstens die hervorragendsten unter diesen Uebelständen nicht übersehen haben, und daß uns eine dreißigjährige Erfahrung die hier zur Geltung gebrachten unmaßgeblichen Vorschläge in die Feder dictirte. Wir machen uns darauf gefaßt, unsere Bemerkungen, Vorschläge u. s. w. von gewöhnlichen Theater-Principalen als leidenschaftlich, unpraktisch, unausführbar u. s. w. erklärt zu sehen, wir können es nicht hindern, von Comödianten und ihren Anhängern verketzert zu werden; — wir werden das Verdammungs-Urtheil einer feilen, komödiantenfreundlichen Journalistik mit Geduld ertragen, — aber wir werden unsere innerste Ueberzeugung ebenso wenig aufgeben, als den Wunsch, es möge die durch Wiener Journale vielfach angekündigte Commission baldigst einberufen werden, sich mit der Reorganisirung des Theaterwesens eifrigst zu befassen und die Vorschläge an den Reichsrath zu leiten. Das Theater gehört so wie das Schulwesen in die Cathegorie der Volksbildungsanstalten, und eine entsprechende Reorganisirung wäre jedenfalls eine würdige Aufgabe für die Volksvertreter.

Die geeigneten Männer, aus welchen diese Commission zu bestehen hätte, aufzufinden, wäre Sache des hohen Ministeriums. Daß es Männer in Oestereich giebt, welche die erforderlichen Sachkenntnisse und den redlichsten Willen besitzen, daran ist wohl noch nie gezweifelt worden; wohl aber möchten wir zweifeln, daß diese Männer in den Kreisen der Bureaukratie und überhaupt am Kanzleitische zu finden seien. Hat man den festen Willen, die geeigneten Leute aufzusuchen, so wird man sie auch finden, säßen sie auch in irgend einem entfernten Winkel der Monarchie! Man wähle Leute, die seit Jahren literarisch thätig waren, die sich in der Welt umgesehen haben, aber dennoch mit Leib und Seele Oestereicher sind. Directoren, und stünden sie auch im vortheilhaftesten Rufe, würden sich aus tausend Gründen nicht zu Commissionsmitgliedern eignen. Da es sich bei dieser Reorganisirung um eine billige Ausgleichung aller Interessen des Publikums und der Kunstangehörigen, um die Erzielung einer auf Sitte und Gesetz basirten Ordnung im Theaterwesen handelt, so wäre es wohl zweckmäßig, diese Commission aus Schriftstellern, ehrenhaften Theater=Agenten und solchen Leuten zusammenzusetzen, die das Theater zum Gegenstande ihrer literarischen Thätigkeit gemacht haben und dasselbe näher als vom Parterre aus kennen. Den Vorsitz dürfte ein mit den parlamentarischen Formen vertrauter hochgestellter Beamter führen und auf die ordnungsmäßige Erledigung der einzelnen Fragen einwirken. Die Sache ginge gewiß gut von Statten, und bald wäre die ebenso wohlthuende als nothwendige Reorganisirung vollendet!

Möchten unsere ehrlich gemeinten Worte an maßgebender Stelle einige Beherzigung finden!

Inhalt.

		Seite.
I.	Schlechte Directoren	5
II.	Lumpige Comödianten und Comödiantinnen	11
III.	Verwandtschaften und Sippschaften beim Theater	18
IV.	Theater-Mütter und Theater-Weiber	21
V.	Das Benehmen der Herren Directoren gegen ihre Mitglieder, gegen die Journalistik und gegen das Publikum	25
VI.	Die ökonomischen Grundsätze der Herren Directoren	31
VII.	Ueber Theaterschulen und was in denselben vorzugsweise gelehrt werden sollte	36
VIII.	Das Mädchen vom Ballet (Gedicht)	43
IX.	Reform-Ideen	47

Druck von A. Martens in Berlin, Zimmerstraße 98.

Druckfehler.

Seite 6, Zeile 7, anstatt „Aufblähung" lies „Aufklärung".
„ 7, „ 10, anstatt H. ist X.; und
„ 7, „ 11, anstatt Th. ist Y. zu lesen.
„ 10, „ 9, zwischen den Worten: „Sphären" und Behörden" ist das Anführungszeichen („) weggeblieben.
„ 10, „ 10, anstatt Polizeiämtern lies Polizeiämter.
„ 22, „ 13, anstatt Elster lies Elsler.
„ 22, „ 19, anstatt Theaterbrüdern lies Theaterkindern.
„ 49, „ 34, anstatt stehen lies stehe.
„ 50, „ 13, anstatt Theaterpächter lies Theaterpachte.
„ 64, „ 11, anstatt: wenn nicht die Ministerien, lies: „wenn die Ministerien"; ebenso ist auf einer der nächstfolgenden Seiten anstatt „Humbug" richtig „Barnum" zu lesen.